C.H.BECK ◼ WISSEN

in der Beck'schen Reihe

W0056789

Der Begriff Hanse bezeichnete seit der Wende vom 13. zum 14. Jahrhundert eine Organisation niederdeutscher Kaufleute und der von ihnen dominierten Städte von der Zuijdersee im Westen bis zum Baltikum im Osten und von Visby bis zu der Linie Köln–Erfurt–Krakau. Dieses Buch bietet einen prägnanten Überblick über die Geschichte der Hanse von ihrer Frühphase seit Mitte des 12. Jahrhunderts bis zu ihrem Ende im Jahre 1669. Es zeigt, daß die Hanse kein hierarchisch gegliederter Städtebund war, sondern ein Verbund von Egoisten, die sich zur Durchsetzung ihrer Außenhandelsinteressen zusammenschlossen.

Rolf Hammel-Kiesow, Dr. phil., leitet seit 1993 die „Forschungsstelle für die Geschichte der Hanse und des Ostseeraumes" in Lübeck.

Rolf Hammel-Kiesow

DIE HANSE

Verlag C.H.Beck

Für Birgit, Lotta, Lasse, Mikkel und Matti

Mit 2 Karten

1. Auflage. 2000
2., durchgesehene Auflage. 2002

3., aktualisierte Auflage. 2004

Originalausgabe
© Verlag C. H. Beck oHG, München 2000
Druck und Bindung: Druckerei C. H. Beck, Nördlingen
Umschlagentwurf: Uwe Göbel, München
Printed in Germany
ISBN 3 406 44731 7

www.beck.de

Inhalt

I. Einleitung

Die Hanse ist ein Phänomen, das von den heutigen Deutschen durchweg positiv bewertet wird. Die zahlreichen Firmen- und Betriebsnamen, die vor allem in norddeutschen Städten mit den Epitheta „Hanse" und „hansisch" geschmückt sind, belegen, daß der Begriff für Verläßlichkeit, Vertrauenswürdigkeit, kaufmännische Ehrlichkeit und ähnliches steht.*

Seit dem Zusammenbruch des sowjetischen Machtblocks schmücken die Epitheta „Hanse", „hansisch", „hanseatisch" in zunehmender Zahl auch Betriebe in ehemaligen Hansestädten des nordöstlichen Europa: in Gdańsk (Danzig), Elbłag (Elbing), Riga und Tallinn (Reval). Die positive Bedeutung von „Hanse" , „hansisch" und „hanseatisch" ist jedoch nicht erst ein Phänomen des 20. Jahrhunderts. Seit dem Ende des 19. Jahrhunderts wurde und wird die Hanse durchgehend als Werbeträger verwendet, ungeachtet (oder gerade wegen?) der verschiedenen politisch-ideologischen Interpretationen, denen sie ausgesetzt war: zunächst als Statthalter des Reichs und Vorläufer des deutschen Nationalstaats im Norden; dann, zur Zeit Wilhelms II., als Inbegriff deutscher Flottenherrlichkeit zur See; während des Dritten Reichs als Träger der Ausdehnung des deutschen Lebensraumes nach Osten. Nach dem Ende des Zweiten Weltkrieges – nach einer 180°-Kehrtwende – dann je nach Standpunkt – als Exempel für die „geschichtsbildende Rolle der Volksmassen" beziehungsweise den Klassenkampfcharakter der Geschichte in der DDR-Geschichtsschreibung oder als Vorläufer des Vereinten Europa in der westlichen Welt. Diese ideologischen Einvernahmen erfolgten alle auf nahezu der gleichen Quellenlage und zeigen neben dem jeweils tagespolitischen Aspekt, daß Geschichte nicht

---

* Das Adjektiv „hanseatisch", das die gleiche Bedeutung hat und häufig auch auf spätmittelalterliche Verhältnisse angewendet wird, bezieht sich genaugenommen nur auf die drei ‚letzten' Hansestädte Lübeck, Hamburg und Bremen und deren Geschichte seit dem späten 18. Jahrhundert.

etwas Feststehendes ist, sondern daß sie vom Historiker ‚gemacht' wird.

Neben dem positiven Hansebild stand (und steht noch ein bißchen) ein sozialkritisches. Es löste in der literarischen Verarbeitung des Stoffes seit Ende des 19. Jahrhunderts allmählich das nationale Pathos ab und hat sich vor allem im Jugendbuch gehalten. Im Kampf der Piraten, der *likedeeler* (das sind diejenigen, die ihre Beute zu gleichen Teilen teilten), gegen die ausbeuterischen Pfeffersäcke sind die Seeräuber, vor allem Claus Störtebecker, die Rächer der Unterdrückten, und die Hanse verkörpert als Hintergrundfolie das Böse. Bis in die 30er Jahre des 20. Jahrhunderts war der sozialkritische Ansatz sehr populär. Einer seiner Höhepunkte war zweifellos die dramaturgische Bearbeitung eines Stücks über Jürgen Wullenwever, des Romans „Gewitter über Gotland" von Ehm Welk, durch Erwin Piscator an der Berliner Volksbühne im Jahr 1927. In der akademischen Geschichtsschreibung fand sich dieser Ansatz bis 1945 kaum, und – auch dies ein Aspekt des, in diesem Fall verordneten, sozialkritischen bzw. klassenkämpferischen Ansatzes – die Hansegeschichtsschreibung der DDR fand in bemerkenswertem Gegensatz zur offiziellen Parteilinie zu der Erkenntnis, daß von einer Mitwirkung der „plebejischen Schichten" z. B. im sog. sozialrevolutionären Kampf Jürgen Wullenwevers nicht die Rede sein könne.

Wie groß die Anzahl der Anhänger beider Rezeptionsarten in der deutschen Bevölkerung ist, läßt sich nicht feststellen; gemessen an öffentlichen Verlautbarungen überwiegt jedoch die positive, was sicherlich auch damit zusammenhängt, daß die „Hanse" von den norddeutschen Städten für die Tourismuswerbung entdeckt wurde. Im Ausland ist die Rezeption verständlicherweise nicht eindeutig. Während in den skandinavischen Ländern lange Zeit die negative Sicht der Ausbeutung der einheimischen Bevölkerung durch die hansischen Kaufleute überwog (vor allem in den Nachkriegsjahren), hat sich in den baltischen Staaten eine – zumeist auf die gebildete Oberschicht beschränkte – positive Haltung gegenüber der Hanse entwickelt. In der wissenschaftlichen Forschung haben sich – abgesehen von Einzelfragen – die Positionen deutscher und skandinavischer Historiker weitgehend einander angenähert, auch und vor allem was die Rolle der Hanse in Norwegen betrifft.

Die heutige Akzeptanz der Hanse in der Öffentlichkeit beruht jedoch nach wie vor in weiten Teilen auf dem Geschichtsbild, das im 19. und frühen 20. Jahrhundert entworfen wurde und als Teil des bürgerlichen Bildungskanons über Generationen hinweg Schüler und Studenten prägte. Es manifestiert sich in Gemälden von hochbordigen, dreimastigen „Koggen" des 15. Jahrhunderts, die ebenso eindrucksvoll wie falsch sind (der (!) Koggen war ein einmastiger Schiffstyp, der an der Wende vom 14. zum 15. Jahrhundert vom Holk abgelöst wurde). Es zeigt sich ebenso in der Vorstellung von einem mächtigen Städtebund, der in der Zeit des Niedergangs des Heiligen Römischen Reiches deutscher Nation die deutsche Sache im Norden Europas zunächst machtvoll vertreten habe, schließlich aber an den Egoismen der einzelnen Mitgliedstädte zugrunde gegangen sei, sowie in Vorstellungen, daß der Niedergang der Hanse durch die Entdeckung Amerikas respektive durch das Ausbleiben der Heringsschwärme vor Schonen verursacht worden wäre, weil aus beiden Gründen der Ostseehandel an Bedeutung verloren habe.

In dieses herkömmliche Bild mischen sich seit den 1970er Jahren Vorstellungen von einer Internationalität der ehemaligen Hanse, die aber schlicht darauf beruhen, daß die staatliche und ethnische Gliederung des heutigen Europa ins späte Mittelalter projiziert werden und somit französische (Dinant), niederländische (z.B. Kampen, Zwolle), deutsche, schwedische (Visby, Stockholm), polnische (z.B. Danzig/Gdańsk, Elbing/Elbląg), russische (Königsberg/Kaliningrad), lettische (Riga) und estnische (Reval/Tallinn, Dorpat/Tartu) Städte als Mitglieder der Hanse betrachtet werden (s. Karte 1). Aufgrund der großen Veränderungen der ethnischen Siedlungsgebiete im östlichen Europa erkennt man nicht mehr, daß allein die niederdeutschen Fernkaufleute dieser Städte der Grund für ihre Mitgliedschaft waren (die einzige nicht erklärbare Ausnahme ist Dinant). Das entscheidende Kriterium für die Aufnahme eines Kaufmanns in die Hanse war nämlich das Recht, zu dem er geboren war. Die Mitgliedschaft in ihr war folglich sozusagen angeboren: Nur wer von deutschen Eltern geboren war und nach deutschem Recht lebte, außerdem durch das Erlernen des Kaufmannsberufs die Berechtigung zum selbständigen Auslandshandel erworben hatte, konnte in die Hanse aufgenommen werden. Das hat noch nichts mit dem Nationalismus des 19. und 20. Jahrhunderts zu tun, sondern mit dem – ethnisch gebundenen – Recht als der grundsätzlichen Kategorie mittelalterlichen Daseins.

1. Was war die Hanse?

Damit befinden wir uns aber bereits mitten in der fachlichen Diskussion um das Phänomen Hanse. Geben wir also eine erste Definition, ausgehend von ihrem Erscheinungsbild in der ersten Hälfte des 15. Jahrhunderts: Die Hanse war eine Organisation von niederdeutschen Fernkaufleuten einerseits und von rund 70 großen und 100 bis 130 kleinen Städten andererseits, in denen diese Kaufleute das Bürgerrecht hatten. Hansische Kaufleute konnten aber auch aus nichtstädtischen Siedlungen stammen. Diese Organisation verfolgte erstens – das war die Grundlage ihres Entstehens – handelswirtschaftliche Ziele; zweitens aber bemühte man sich seitens der Städte seit dem ausgehenden 14. Jahrhundert vermehrt um gegenseitige Unterstützung gegen adlige Herrschaftsansprüche. Kennzeichnend für die Hanse – das sei schon hier bemerkt – war die doppelte Dichotomie von handelswirtschaftlicher *und* politischer Organisation sowie von Kaufleuten *und* Städten.

Der Raum, in dem die hansischen Kaufleute zu Hause waren bzw. in dem die Hansestädte lagen, erstreckte sich von der Zuidersee im Westen bis nach Estland und Livland im Osten und von Visby (im 14. Jahrhundert Stockholm) im Norden bis zu der Linie Köln – Erfurt – Breslau – Krakau im Süden (s. Karte 1). Aber nicht alle Städte in diesem Raum waren Hansestädte: Aus dem nördlichen Deutschland seien nur Emden, sämtliche schleswig-holsteinischen Städte außer Kiel, weiter Schwerin genannt und im Osten z.B. Memel (Klaipeda), Viborg und Narva (in denen ebenfalls niederdeutsche Kaufleute das Bürgerrecht hatten).

Diese kaufmännische Organisation und ihre Vorläufer verfolgten über rund ein halbes Jahrtausend von der Mitte des 12. bis zum Ende des 17. Jahrhunderts ihr Ziel des möglichst gewinnbringenden Handels. Zunächst, im 13. und 14. Jahrhundert, waren sie im nördlichen Europa von Nordwestrußland im Osten bis nach Nordfrankreich, Flandern und England im Westen tätig. Die Grundstruktur dieses Handels bestand im Austausch von Rohstoffen, Halbfertigprodukten und Lebensmitteln des Osten und Nordens gegen gewerbliche Fertigprodukte des Westens und Südens. Seit dem späten 14. Jahrhundert wurde der Handel nach Westen und Südwesten über die französische Atlantikküste nach Portugal, Spanien und seit dem späten 16. Jahrhundert auch auf dem Seeweg nach Italien ausgedehnt, im Norden bis Island und im Osten bis nach Moskau. Der eigentlich hansische Handel fand also im nördlichen Europa statt und war an Handelsniederlassungen im Ausland gebunden. Hansische Handelsprivilegien wurden im Raum zwischen Nordfrankreich, später auch Spanien und Nordwestrußland, erworben.

Nach Süden hatten die einzelnen hansischen Kaufleute zwar Handelsbeziehungen, als Organisation wurde die Hanse in diesen Regionen jedoch nicht tätig. Der Südhandel war vom 14. bis zum frühen 16. Jahrhundert stark ausgeprägt und reichte auf dem Landweg bis zum Schwarzen Meer und nach Italien, doch scheint er seit Mitte des 16. Jahrhunderts stark nachgelassen zu haben.

Die bedeutendsten Niederlassungen (Kontore) der hansischen Kaufleute lagen in Novgorod in Nordwestrußland, in Bergen in Norwegen, in Brügge in Flandern und in London in England. Ihre Lage kennzeichnet den Ost-West- und West-Ost-Handel zwischen Nord- und Ostsee, der zunächst im gebrochenen Transitverkehr (See- und Landwege) über Lübeck und die anderen wendischen Hansestädte lief (die Städte, die im ehemals slawischen = wendischen Siedlungsgebiet lagen), später über diese Städte *und* auf dem direkten Seeweg durch den Sund, und bis ins 15. Jahrhundert hinein das wirtschaftliche Rückgrat der Hanse bildete. Neben den vier großen Kontoren gab es jedoch noch zahlreiche kleinere Niederlassungen von Rußland bis nach Portugal (s. Karte 1). Alle diese Niederlassungen waren *keine* Hansestädte, sondern Orte, an denen hansische Kaufleute Niederlassungen und bestimmte Rechte hatten. Rechtliche Grundlage des Handels waren die Privilegien, die die hansischen Kaufleute in den Gastländer erwarben, um einen (relativ) sicheren rechtlichen Rahmen ihres Handels und wirtschaftliche Vorteile gegenüber Konkurrenten zu erreichen. Der Kampf um den Erhalt dieser Privilegien in einer sich wandelnden wirtschaftlichen und staatlichen Welt war der Kern frühhansischer und hansischer Politik von der Mitte des 12. bis ins 17. Jahrhundert.

Die frühhansischen Kaufleuteorganisationen und die Hanse existierten über das genannte halbe Jahrtausend hinweg, obwohl ihre Mitglieder den verschiedensten fürstlichen Herren unterstanden. Lübeck, Dortmund, Goslar, Nordhausen und Mühlhausen in Thüringen unterstanden als Reichsstädte nur dem König (gegen Ende der Hansezeit kurzfristig auch Herford), seit 1475 auch Köln (das das Privileg allerdings in seinem Archiv verschwinden ließ, um nicht zu Zahlungen an das Reich herangezogen zu werden). Die Freie Stadt Bremen erreichte diesen Status erst 1741, und Hamburg war seit 1618 von Reichs wegen Reichsstadt, wurde aber erst 1768 vom dänischen König als solche anerkannt. Alle übrigen Städte lagen auf dem Gebiet verschiedener weltlicher und geistlicher Fürsten und standen unter den verschiedensten Formen adliger Herrschaft. Dennoch waren sie in der Lage, eine bisweilen kartellartige Organisation zu bilden, die sich in einigen extremen Ausnahmefällen sogar zu gemeinsamer Kriegsführung (von Teilen der Hanse, nie des gesamten Verbandes) entschloß.

In dem halben Jahrtausend zwischen ca. 1150 und ca. 1700 vollzogen sich grundlegende Veränderungen im politischen und wirtschaftlichen System Europas, innerhalb dessen die hansischen Kaufleute ihre Ziele verfolgten. Um erfolgreich zu bleiben, mußten Kaufleute und Städte die Struktur ihres Handels und ihrer politischen Organisation diesen sich verändernden Bedingungen anpassen. Die Organisationsform der hansischen Kaufleute und Städte war somit nicht statisch, sondern ein Ergebnis der jeweils zeitgenössischen rechtlichen, gesellschaftlichen und wirtschaftlichen Strukturen und der Bedeutung der Städte und ihres Fernhandels.

2. Neue Tendenzen
in der hansischen Geschichtsforschung

Im folgenden sollen die großen Entwicklungslinien der hansischen Geschichte in der Beantwortung von drei Kernfragen dargestellt werden: „Wie entstand die Hanse?", „Wie war die Hanse organisiert?" und „Niedergang oder Übergang? Gründe für die Auflösung der Hanse".

Zum Forschungsstand: Das im 19. und frühen 20. Jahrhundert entstandene Bild von der Hanse befindet sich in der historischen Forschung seit den 60er Jahren in zunehmender Auflösung. An erster Stelle sind die Fortschritte der Forschung zu nennen, die sich sowohl neuen Fragestellungen gewidmet als auch alte Fragestellungen neu beantwortet hat. Diese Fortschritte der Forschung beruhen nicht nur auf einem Erkenntniszugewinn innerhalb der Wissenschaft, sondern auch auf einer gegenüber den ersten zwei Dritteln des 20. Jahrhunderts stark veränderten Lebenswelt. Die Auflösung der bürgerlich-industriellen Lebensform, die allenthalben in Europa zu beobachten ist, hat ein neues Verständnis der Vergangenheit zur Folge. Die tiefgreifenden Wandlungen im europäischen Staatensystem (Aufgabe nationaler Hoheitsrechte), die wirtschaftliche Globalisierung und die Veränderungen des Alltagslebens (die Auflösung der Familie als der zentralen gesellschaftlichen Organisationsform) lassen einen ganz anderen Blick auf die Vergangenheit zu, als ihn der Bildungsbürger des wilhelminischen Zeitalters und der Weimarer Republik hatte, als das heute in der Öffentlichkeit noch weitgehend gültige Hansebild entstand. Daher ist die Rekonstruktion des hansischen Verbandes, die heutige Historiker vornehmen, sehr verschieden von der Vorstellung des mächtigen Städtebundes, die eingangs erwähnt wurde.

Umreißen wir kurz die m.E. wichtigsten Neuansätze in der Forschung zu den Themenbereichen Verfassungsgeschichte, Personengeschichte, Politikgeschichte und Wirtschaftsgeschichte, bevor wir uns der Beantwortung der drei Kernfragen widmen.

Die Frage nach der Verfassung der Hanse

Tiefgreifende Veränderungen haben sich im Hinblick auf die verfassungsrechtliche Struktur und damit die Organisation der Hanse ergeben. Verfassung ist ja kein rein rechtlicher (heute oft als langweilig empfundener) Bereich. Die Verfassung eines Verbandes entscheidet über seine Handlungsfähigkeit, auch über seine Akzeptanz nach außen. Die Beschäftigung mit der Verfassung der Hanse deckt sowohl das Innenverhältnis der Hanse zwischen dem einzelnen Kaufmann und der hansischen Organisation wie das zwischen der einzelnen Mitgliedstadt und der Hanse auf sowie auch die Funktion der Ratssendeboten und der bisher nur als Begriff bekannten, aber in ihrer verfassungsmäßigen Funktion noch nicht definierten *heren der Hanse*. Im Außenverhältnis zeigt sie die Beziehungen zwischen Hanse und Territorialherren, zwischen Hanse einerseits und Kaiser und Reich andererseits sowie zwischen der Hanse und den Königen, Großfürsten, Herzögen usw. der Zielländer des hansischen Handels.

Es ist also eine zentrale Frage, ob die Hanse ein Bund mit hierarchisch gegliederten Zuständigkeitsbereichen war, wie die politik- und verfassungsgeschichtlich ausgerichtete Forschung des 19. und frühen 20. Jahrhunderts sie sah und wie es von der historisch-materialistischen Geschichtsforschung der DDR wieder aufgenommen wurde (H. Wernicke), oder ob sie eine bloße handelswirtschaftliche Interessengemeinschaft war, „die jeweils nur insoweit existierte, und im Einzelfalle handlungsfähig war, als sich die Interessen der Einzelstädte oder einzelner Bürgerschaften tatsächlich deckten", wie der Rörig-Schüler Ahasver von Brandt die von seinem Lehrer begründete wirtschafts- und sozialgeschichtliche Umorientierung der hansischen Geschichtsforschung in den 60er Jahren unseres Jahrhunderts gewissermaßen abschloß. Diese Definition der Hanse prägte die bundesrepublikanische Geschichtsforschung bis in die 90er Jahre, als Ernst Pitz den verfassungsgeschichtlichen Ansatz neu aufgriff. Er stellt fest, daß bereits die zeitgenössischen Auseinandersetzungen um die Hanse seit dem 15. Jahrhundert, besonders aber die neuzeitliche Geschichtsforschung die Verfassung der Hanse nur an Maßstäben des römischen, des gemeinen Rechts maßen, und erkennt nun eine mehrstufige „Einung von Individuen und entweder von personalen oder auch ortsbezogenen Teilverbänden" als die Rechtsform, die dieser ökonomisch-sozialen Interessengemeinschaft im Mittelalter zur Verfügung stand, um ihre Ziele zu erreichen.

Partikulare Regionen oder hansische Teilräume

Grundlegend für das Problem der hansischen Verfassung ist die Frage nach dem Gewicht der regionalen Verbände innerhalb der Hanse, z.B. der süderseeischen, westfälischen, niedersächsischen, preußischen, livländischen Städte und auch der einzelnen Städte für sich. Einer Interpretation der Hanse als hierarchisch konzipierter und von gemeinsamen Interessen geprägter Bund mußte jedes regionale Sonderinteresse als Verrat an der hansischen Sache erscheinen. Von dieser Bewertung war – und ist noch bis heute – vor allem die sog. Niedergangszeit der Hanse seit dem späten 15. Jahrhundert betroffen, die doch vielleicht eher ein Übergang, eine Integration der Städte in andere, nämlich frühneuzeitliche wirtschaftliche und territoriale Systeme war. Das bedeutungsschwere Diktum Fritz Rörigs vom Ganzen, das eher da gewesen sei als die Teile, hat die hansische Geschichtsforschung auf diesem Gebiet über Jahrzehnte in einer Position verharren lassen, die die Regionen mehr als hansische Teilräume sah denn als partiku-

lare, eigenständige Verbände, deren regionale oder einzelstädtische Interessen älter und den spezifisch hansischen eigentlich durchweg übergeordnet waren. Daher ist die sog.
travezentrische, d.h. alles von der Position Lübecks aus be-
wertende Sicht, die das Bild von der Hanse fast völlig be-
herrschte, immer stärker von einer Sicht ersetzt worden, die
die zwei „Hansen", die in der einen *dudeschen hense* steckten,
deutlich herausarbeitete und den einzelnen Regionen eine
weitaus höhere Bedeutung zumißt. Die beiden „Hansen" aber
waren die handelsbezogene, ältere, die ihren Kern in den
Auslandsniederlassungen hatte, und die politische, jüngere, in
der vor allem Lübeck versuchte, die – lockere – Einung der
Städte zu einem Städtebund umzugestalten.

Die Forschung, die nicht mehr induktiv vom Ganzen der
Hanse her, sondern eher deduktiv von den einzelnen Städten
und den einzelnen Regionen aus deren Stellung in der Hanse
bemißt, kommt denn auch – soweit schon aufgearbeitet – zu
einem stark abgestuften Bild hansischer Identität und Intensi-
tät in den rund 200 Städten, die eine Mitgliedschaft in der
Hanse geltend machten bzw. für die sie geltend gemacht wurde (dazu unten mehr). Als Faustregel kann gelten, daß die In-
tensität hansischer Interessen mit zunehmender Entfernung
von der Küste nachließ. Während in den Seestädten der hansische, der privilegiengestützte Auslandshandel der wirtschaftlich dominierende Faktor war, war er in den binnenländischen Städten z.B. Westfalens oder des Niederrheins nur ein
Wirtschaftssektor neben anderen, neben z.B. einem wirtschaftlich starken Binnenhandel und den produzierenden Ge-
werben.

Der personengeschichtliche Ansatz
Die unterschiedlichen wirtschaftlichen Interessenlagen der
Städte beeinflußten die Beschlußfassung auf den Hansetagen,
da die Bürgermeister und Ratsherren, die als Ratssendeboten
ihre Stadt auf hansischen Versammlungen vertraten, sowohl
die Interessen der Gesamtgemeinde im Auge haben, aber auch
als Vertreter des *gemenen kopmans* tätig sein mußten und

16

somit eine bisweilen schwer zu vereinbarende Doppelfunktion innehatten.

In bezug auf diese hansische Führungsgruppe hat die prosopographische (= personengeschichtliche) Forschung im letzten Jahrzehnt Hervorragendes geleistet. Der Ansatz ist ebenso einfach wie fruchtbar: Man versucht „über die Handlungsträger hansischen Handels und hansischer Politik und deren individuelle Lebensschicksale auf soziologische Gemeinsamkeiten und kollektive Identitäten zu schließen" (B.Fahlbusch), um das Funktionieren des hansischen Verbandes zu erklären.

Innenansichten und Außenansichten

Der vierte Forschungsansatz, den ich hervorheben möchte, betrifft die Selbst- und Fremdwahrnehmung der Hanse, hängt also mit den zeitgenössischen Vorstellungen von der Hanse und damit auch mit deren Verfassung eng zusammen. Schon lange war bekannt, daß die Hanse in den Chroniken der Städte, die zu ihr gehörten, nur sehr selten genannt wird. Sie spielte im städtischen Selbstverständnis des Spätmittelalters folglich nicht die Rolle, die ihr die deutsche Geschichtswissenschaft im nachhinein zumaß. Neue Untersuchungen zeigen nun, daß auch die hansischen Kaufleute im Ausland fast nie als solche bezeichnet wurden, sondern als *osterlinge* o.ä., und der Begriff „Hanse" nahezu ausschließlich im diplomatischen Verkehr seit der Mitte des 14.Jahrhunderts ins Spiel kam. Das zeigt deutlich, daß der ‚hansische Handel', dessen Gedeihen Zweck und Ziel der ganzen Bemühungen war, im Ausland in erster Linie gar nicht als ‚hansisch' wahrgenommen wurde, sondern als Handel von Kaufleuten, die aus dem Osten kamen und mit ihren jeweiligen Heimatstädten in Zusammenhang gebracht wurden. Also auch hier die städtische und regionale Komponente als Grundlage, über die der geographische Sammelbegriff *osterlinge* gelegt wurde, der dann erst im diplomatischen Verkehr durch den Begriff „Hanse" ersetzt oder überhöht wurde.

Die hansische Spätzeit

Weiterhin ist im letzten Jahrzehnt eine verstärkte Hinwendung zur hansischen Spätzeit erfolgt. Die hansische Geschichtsforschung ist ja nach wie vor durch die Tatsache gehandicapt, daß ihre zentralen Quellen, die Beschlußprotokolle der Hansetage – die Hanserezesse – und die beigeordneten Schriftstücke, nur bis einschließlich 1537 veröffentlicht sind. Das bewirkt eine Schieflage des Forschungsstandes zugunsten der Jahrhunderte bis zur Reformation, die in jeder Darstellung der Geschichte der Hanse an den Seitenzahlen abzulesen ist, die jeweils der Frühzeit, dem 14. und 15. Jahrhundert und schließlich dem weiteren Verlauf bis 1669 gewidmet sind. Auch wenn die hansische Geschichtsforschung hier noch relativ am Anfang steht, wird die Einbindung der vom 14. bis zum Anfang des 16. Jahrhunderts weitgehend autonomen Hansestädte in die wirtschaftlichen und politischen Systeme der Territorien nicht mehr nur einseitig als Verlust der Freiheit interpretiert, sondern auch als Integration in ebendiese neuen Systeme. Die gewaltsame militärische Unterwerfung der letzten selbständigen Territorialstädte Magdeburg, Münster und Braunschweig hat oft den Blick dafür getrübt, daß die überwiegende Zahl der Hansestädte sich ohne – äußerliche – Gewaltanwendung von der Hanse abgewandt hatte, weil deren Handelspolitik für sie keine Vorteile mehr brachte. Hier bleibt freilich noch viel zu tun, weil die Spanne der Möglichkeiten zwischen dem „freiwilligen Weg zum Untertan" (O. Mörke) und der militärischen Unterwerfung sehr groß war und innerhalb dieses Prozesses das gesellschaftliche Innenverhältnis der Städte, die Spannungen zwischen Ratsgeschlechtern und bürgerlicher Gemeinde eine große Rolle spielten.

Zur Handels- und Wirtschaftsgeschichte der Hanse

Die Grundlage der Hanse war der Handel. Der Begriff Hanse bezeichnete eine ‚Genossenschaft Fernhandel treibender Kaufleute'. Die Genossenschaften niederdeutscher Kaufleute zunächst aus den Städten zwischen Niederrhein und Elbe, später auch der im Zuge der Ostsiedlung entstandenen Städte im Ostseebecken waren die Grundsubstanz hansischer Geschichte. Die Kaufleute wollten sich aber nicht vordringlich in Genossenschaften zusammenschließen, dieser Zusammenschluß war vielmehr eine Folge ihres Zieles, möglichst gewinnbringend Handel zu treiben. Die historische Erforschung der Kaufleute setzte jedoch erst im 20. Jahrhundert richtig ein. Friedrich Keutgen und für die hansische Geschichte vor allem Fritz Rörig ‚entdeckten‘ recht eigentlich den mittelalterlichen Groß- und Fernkaufmann in der Auseinandersetzung vor allem mit Werner Sombart, der im mittelalterlich-spätmittelalterlichen Kaufmann allenfalls einen Krämer, einen besseren Klein- und Wanderhändler, gesehen hatte. Im Zuge dieser bahnbrechenden Forschungen Rörigs und seiner Schüler wurde der hansische Großkaufmann zum Inbegriff des spätmittelalterlichen Kaufmanns schlechthin. Dieses ‚Ansehen‘ wurde zusätzlich erhöht durch die Forschungen von Hans Planitz, der vor allem aus nord- und nordwestdeutschen und -europäischen Quellen heraus seine zentrale These erarbeitete, daß das Stadtrecht aus dem Kaufmannsrecht hervorgegangen sei. So waren die hansischen Kaufleute und die Städte des hansischen und des nordwesteuropäischen Raumes bis nach dem Zweiten Weltkrieg die zentralen Gegenstände der Forschung über das Spätmittelalter. Seit den späten 50er Jahren verschob sich das Spektrum. Im Nachkriegsdeutschland gewann die Geschichte der oberdeutschen Städte ein immer größeres Gewicht, die hansische Städtegeschichte fiel zurück. Zum einen resultierte das aus der Zerschlagung der preußisch-protestantischen nord(ost)deutschen Großregion, deren politische, industrielle und intellektuelle Überlegenheit das Vorkriegsdeutschland geprägt hatte. Zum anderen hat es sicherlich auch damit zu tun, daß die hansische Geschichte seit der wilhelminischen Zeit mit der deutschen Großmachtpolitik zu eng verwoben worden war: z.T. von Außenstehenden, z.T. aber auch von Historikern wie Fritz Rörig, der zugunsten des Führerprinzips einen gewaltigen methodischen Rückschritt von bereits erreichten strukturgeschichtlichen Ansätzen vollzogen hatte. Vor ihm von Dietrich Schäfer, bei dem man jedoch unterscheiden muß zwischen dem, was er in seinen akademischen Veranstaltungen lehrte und in wissenschaftlichen Veröffentlichungen publizierte, und dem, was er auf öffentlichen Veranstaltungen und in populären politischen Schriften von sich gab. Auch von dem – allerdings am Rande der hansischen Geschichtsforschung stehenden – Hamburger Historiker Heinrich Reincke, der sich der NS-Ideologie voll verschrieben hatte. Da im Nachkriegsdeutschland bis in die 60er Jahre hinein eine solche Verstrickung in der Regel aber kein Grund für rasches Umdenken war, muß offenbleiben, ob diese die Verschiebung der Forschungsinteressen bewirkte.

Ein sicherlich wichtiger Grund für den Verlust der führenden Rolle innerhalb der deutschen Städte- und Wirtschaftsgeschichte an Oberdeutschland war der nicht mehr oder nur unter extrem erschwerten Bedingungen mögliche Zugang zu den Archiven der ehemaligen Hansestädte des Ostseeraums östlich des Eisernen Vorhangs. Selbst das auf dem Gebiet der Bundesrepublik gelegene wichtigste Archiv zur Hansegeschichte, das Archiv der Hansestadt Lübeck, hatte während des Krieges seine gesamten älteren Bestände nach Osten ausgelagert, darunter die zentralen Quellen zur Hansegeschichte, die erst 1989/90 wieder aus der Sowjetunion und der DDR zurückgeführt wurden. Wegen der notwendigen archivischen Ordnungsarbeiten stehen sie erst seit kurzem der hansischen Geschichtsforschung wieder zur Verfügung.

Zudem zeigte die west- und südeuropäische Geschichtsforschung, daß die Handelsumsätze der Kaufleute und Städte in Italien, Spanien und in Nordwesteuropa um ein Mehrfaches größer gewesen sein müssen als die der hansischen Kaufleute und Städte. Auch die überragende Stellung des Kaufmannsrechts im Stadtwerdungsprozeß reduzierte man auf einen – wenn auch wichtigen – Anteil, neben dem herrschaftliche und ortsbezogene Rechte eine bedeutende Rolle spielten. So sah sich – sozusagen in konsequenter Weiterentwicklung – die Hanse Mitte der 70er Jahre dem Vorwurf des „innovatorischen Rückstands" ausgesetzt. Ihr wurde vorgeworfen, daß „zahlreiche auf technischen Innovationen basierende Gewerbe" im Berg- und Hüttenwesen, bei der Metallbearbeitung, Waffenherstellung u.a. nur in wenig entwickelter Form vorhanden gewesen seien, der Typus der Fernhandels- und Exportgewerbestädte bis auf Köln, Breslau und Braunschweig gefehlt habe. Vor allem habe es kein entwickeltes Finanz-, Kredit- und Bankwesen gegeben, wie überhaupt ein Defizit bei den kapitalistischen Organisationsformen (keine doppelte Buchführung, keine großen und langlebigen Handelsfirmen, keine marktbeherrschenden Kartelle, Oligopole und Konzerne) festzustellen sei (W. von Stromer). Die Antwort blieb jedoch nicht aus. Spezielle Studien zu einzelnen Vorwürfen widerlegten z.B. die Kreditfeindlichkeit und Gästefeindlichkeit der Hanse (St. Jenks), untersuchten die Ursachen der Konkurrenzfähigkeit der Hanse (R. Sprandel), arbeiteten durch die Erforschung des Verlagswesens im hansischen Raum die Gewerbegeschichte auf (R. Holbach) oder widmeten sich der hansischen Handelsgesellschaft, einer der Möglichkeiten des hansischen Kaufmanns, sein Geld zu verdienen (A. Cordes). Mithin ist von dem Vorwurf des „innovatorischen Rückstands" der Anstoß ausgegangen, weiter nach dem Grund des bis heute ja nicht befriedigend erklärten wirtschaftlichen Erfolgs und der langen Dauer der Hanse zu forschen. Die wichtigsten Etappen auf diesem Weg sollen auf den nächsten Seiten geschildert werden.

II. Wie entstand die Hanse?

1. Drei grundlegende Faktoren

Drei Faktoren bildeten die strukturgeschichtlichen Voraussetzungen für die Entstehung der Hanse. Der erste war die zunehmende Einbeziehung des Ostseeraumes in das west- und mitteleuropäische Handelsnetz seit der ersten Jahrtausendwende; der zweite der enorm wachsende Bedarf an Handelsgütern, hervorgerufen durch das sich seit 1100 beschleunigende Bevölkerungswachstum und den Aufschwung des Wirtschaftslebens; der dritte die wirtschaftliche Funktion der Städte als Zentralorte der nichtagrarischen Produktion und des Handels sowie die Bildung städtischer Gemeinden.

Die Einbeziehung des Ostseeraums in das west- und mitteleuropäische Handelsnetz war das Ergebnis einer Neuorientierung der skandinavischen Kaufleute. Bis zum Ende des 10. Jahrhunderts hatten sie ihre Waren – Sklaven, Pelze, Walroßelfenbein – nach Osten und Südosten bis zu den Zentren der islamischen Hochkultur verhandelt. Durch den Zusammenbruch der Samaniden-Herrschaft (873–999) in Chorosan und Transoxanien (südlich und südöstlich des Aral-Sees), wahrscheinlich aber mehr noch als Folge der christlichen Mission in Schweden und Norwegen, die den Sklavenhandel verbot, blieben die arabisch-islamischen Dirhem aus. Die skandinavischen Kaufleute mußten sich neue Abnehmer für Pelze und Wachs suchen und fanden diese in Mittel- und Westeuropa, wo reiche Silbervorkommen Ersatz für das nicht mehr zugängliche islamische Edelmetall boten. Neben der Nachfrage im nördlichen *regnum Teutonicum* ließ der Bedarf der nordwesteuropäischen, hochentwickelten Tuchregion in Nordfrankreich und Flandern relativ dichte Handelsbeziehungen zwischen der südwestlichen Ostseeküste und dem Niederrhein entstehen, die über das östliche Herzogtum Sachsen und Westfalen vermittelt wurden. Den Landweg ins dänische Schleswig nutzten hauptsächlich westfälische und (nieder)sächsische Fernhändler, den Seeweg über Nordsee, Eider und Treene befuhren im 11. und 12. Jahrhundert seefahrende Kaufleute vom Niederrhein und aus den friesischen Küstenregionen. Die zwar erst spät namentlich überlieferten Gesellschaften der Soester Schleswigfahrer (1161) und der *fraternitas Danica* in Köln (Bruderschaft der nach Dänemark handelnden Kaufleute, 1246) zeigen diese Zielrichtung. Landfahrende Kaufleute besuchten jedoch auch die zahlreichen Seehandelsplätze im westslawischen Siedlungsgebiet an der südlichen Ostseeküste, von denen das abotritische Alt Lübeck, sieben Kilometer traveabwärts vom heutigen Lübeck gelegen, einer der bedeutendsten gewesen sein dürfte.

Die niederdeutschen Fernhändler brachten die Ostseewaren nicht weiter als bis zum Niederrhein. Der Re-Export nach Nordwesteuropa lag im 12. und beginnenden 13. Jahrhundert zum größten Teil in den Händen flämischer Kaufleute, die die Produkte ihrer Region, Tuche und Metallwaren, auf die deutschen Märkte, zum Teil sogar bis nach Gotland und Rußland brachten. An Finanzkraft waren sie den niederdeutschen Kaufleuten überlegen, so daß diese erst in der ersten Hälfte des 13. Jahrhunderts mit Hilfe der Massengüter – Teer, Asche, Holz – und der Wertwaren – Pelze, Wachs – des Ostseeraums ihren eigenen Aktivhandel nach Flandern und Nordfrankreich ausdehnen konnten. Handelsgeschichtlich gesehen lag die Wiege der Hanse somit zwischen Niederrhein und Niederelbe, genauer: in dem Raum, der ungefähr von den Linien Nijmegen – Hamburg im Norden und Köln – Magdeburg in Süden begrenzt war.

Zum zweiten Faktor: Der Zeitraum von der Mitte des 12. bis zum Ende des 13. Jahrhunderts, in dem die wesentlichen Merkmale der (späteren) *dudeschen hense* entstanden, war Teil der kräftigsten Wachstumsperiode der europäischen Gesellschaften vor der Industrialisierung im 19. Jahrhundert. Seit dem 9. Jahrhundert war die Einwohnerzahl Europas kontinuierlich gewachsen, seit dem 11. Jahrhundert für damalige Verhältnisse rapide. Die Bevölkerung des *regnum Teutonicum* wuchs zwischen den Jahren 1000 und 1300 von rund 3,5 auf 13 bis 14,5 Millionen Einwohner an. Erklärungen dafür gibt es viele – Klimaverbesserungen, das Ende der Einfälle der Wikinger und Ungarn, agrartechnische Innovationen wie die Dreifelderwirtschaft und der zunehmende Anbau von Hülsenfrüchten, der die Eiweißversorgung der Menschen verbesserte, der Export des Unruhe stiftenden waffentragenden Adels auf den Kreuzzügen in außereuropäische Gebiete u. v. a. m. –, aber die tatsächlichen Gründe, die Art und Weise, wie die vielen einzelnen Faktoren zusammenwirkten, sind noch nicht erkannt.

Die wachsende Zahl von Menschen erhöhte die Nachfrage nach Lebensmitteln, Rohstoffen und Luxuswaren. Die Handelsnetze in Europa wurden dichter, vor allem da mit den Städten und Marktsiedlungen nichtagrarische Siedlungsweisen entstanden waren, die einerseits mit Agrarprodukten versorgt werden mußten, in denen andererseits aber spezialisierte Produkte für den Export hergestellt wurden, für deren Herstellung oft Rohstoffe importiert werden mußten. Hochspezialisierte Gewerberegionen erreichten eine so große Bevölkerungsdichte, daß auch Getreide, das wichtigste Grundnahrungsmittel, das in der Regel im näheren Umland angebaut wurde, nach schlechten Ernten aus weiterer Entfernung eingeführt werden mußte.

Damit ist auch bereits der dritte Faktor angesprochen: Innerhalb des Handels- und Wirtschaftssystems des 11. Jahrhunderts spielten Städte und Marktsiedlungen eine immer bedeutendere Rolle. In ihrer wirtschaftlichen Funktion als Zentren der gewerblichen Produktion und des Handels liegt der – aus Geld geschmiedete – Schlüssel zunächst für den wirtschaftlichen Erfolg und für die darauf aufbauende machtpolitische Bedeutung der größeren Städte im späten Mittelalter und damit auch vieler *stede van der dudeschen hense*.

Eine besondere Bedeutung hatten in dieser Entwicklung die Seehandelsplätze (*wike*). Sie waren seit dem 8. Jahrhundert meist ohne Anbindung an einen Herrensitz an verkehrs- bzw. handelsgeographisch zentralen Plätzen am Übergang von See- zu Flußhandelswegen entstanden: im Westen von Quentowik an der Canche (ca. 670 bis Ende des 9. Jahrhunderts) bis in den östlichen Ostseeraum, bis Daugmale bei Riga und Staraja Ladoga am Ladoga-See. Die Seehandelsplätze dienten vorwiegend dem Fernhandel. Dort kamen die großen Kaufmannskarawanen aus allen Teilen des Handelsraumes zu bestimmten Zeiten des Jahres zusammen, aus Gotland, Norwegen, England, dem Reichsgebiet und aus anderen Regionen. Aus der Lage dieser Siedlungen läßt sich erkennen, daß der spätere

Ost-West-Handel der frühhansischen und der hansischen Kaufleute den früh- und hochmittelalterlichen Handel verdichtete, intensivierte und diversifizierte, aber nichts prinzipiell Neues war.

Im Gegensatz zu den *civitates* und den Marktsiedlungen gingen die meisten Seehandelsplätze im Zuge der Umstrukturierung und Intensivierung des Handelssystems seit dem frühen 11. Jahrhundert unter. Ihre Funktion übernahmen Siedlungen, die in mehr oder weniger großer Entfernung verkehrstechnisch günstiger angelegt wurden, und aus denen sich Seehandelsstädte entwickelten. Die Siedlungsverlagerung ist auf die Anforderungen der neuen Verkehrsmittel – vierrädrige Wagen statt Saumtieren, tiefergehende Schiffe, die einen Kai benötigten, anstelle der auf den Strand gezogenen Boote – und auf die zunehmende Einbeziehung dieser frühen Städte in die Wirtschaft des betreffenden Territoriums zurückzuführen. Sie bildeten dort zentrale Orte mit herrschaftlichen, kirchlichen und Verwaltungsfunktionen, unter denen der Fernhandelsmarkt nur noch eine, wenn auch eine herausragende Funktion war. Dazu gehörte in der Regel auch die Münze, die die Städte zu den Zentren der Geldwirtschaft werden ließ.

Bis gegen Ende der Karolingerzeit war der Fernhandel außerdem hauptsächlich von besonderen Gruppen getragen worden, von Juden, Syrern, Friesen und Flamen. Nun wurden die Angehörigen dieser Gruppen in die städtischen Siedlungen integriert, die örtliche Kaufmannschaft verband sich mit ihnen und begann ebenfalls im Fernhandel tätig zu werden. Die scharfe topographische Trennung zwischen den Niederlassungen der Fernkaufleute und herrschaftlichen Siedlungskomplexen entfiel im Zuge dieser Entwicklung ebenfalls und wich dem Prinzip des mehrkernigen Siedlungskomplexes.

Die (beruflich) selbständigen Bewohner der Siedlungskerne schlossen sich seit der zweiten Hälfte des 12. Jahrhunderts zu städtischen Gemeinden zusammen. Der Motor der Rechtsangleichung zwischen den unterschiedlichen Gruppen mit verschiedenem Rechtsstatus war im 11. und 12. Jahrhundert der

Markt, der das örtliche und wirtschaftliche Zentrum der *civitates* und der Marktsiedlungen war. Das zukunftsweisende gesellschaftspolitische Organisationsmodell der mittelalterlichen eidgenossenschaftlichen Kommune (*coniuratio*) wurde im Norden des Reichs aus Flandern importiert. Dort (und in Oberitalien) war die kommunal-gemeindliche, weitgehend autonome und autokephale Stadt in Form der geschworenen Kommune Ende des 11. Jahrhunderts entstanden. Die niederdeutschen Kaufleute des Reichs konnten dort in eigener Anschauung die *libertates* (Freiheiten), die Selbstsetzung von Recht und die Selbstregierung kennenlernen, die sie dann in den eigenen Heimatstädten durchzusetzen versuchten (G. Dilcher).

Mit der Konzentration der gewerblichen Produktion und des Austauschs der gewerblich gefertigten Produkte, der landwirtschaftlichen Güter und der Fernhandelswaren in den Städten flossen dort auch die Gewinne aus diesen Wirtschaftsbereichen zusammen. Solange und soweit die Stadtherrschaft der adligen Herrschaftsträger (König, Bischöfe, weltliche Adlige) Bestand hatte, profitierten diese von dem wirtschaftlichen Aufschwung der Städte. Als jedoch seit dem späten 12. Jahrhundert im Verlaufe der bürgerlichen Autonomiebewegung, verursacht durch die Geldnot der Fürsten, finanziell einträgliche Rechte einzelner Stadtherren gepfändet oder diesen abgekauft wurden – gegen jährliche Pauschalsummen, bisweilen sogar gegen einmalige Zahlungen –, flossen deren Erträge in die städtischen Kassen und festigten das wirtschaftliche Gewicht dieser Gemeinwesen. Dieses Gewicht wurde im Laufe der Zeit immer stärker, da die Pauschalzahlungen bei den bestehenden Machtverhältnissen nur selten verändert werden konnten und infolge der rapiden Entwertung des gemünzten Silbergeldes seit dem Ende des 13. Jahrhunderts immer weniger wert waren.

2. Wort und Begriff Hanse

Das Wort „Hanse" ist im frühen Mittelalter in der Bedeutung ‚Schar' (lat. *cohors*) belegt und seit dem 12. Jahrhundert besonders in Nordwesteuropa überliefert. Der Begriff verweist zunächst auf den Fernhandel im Ausland, den die Genossen einer Fahrtgemeinschaft am Zielort betrieben. Sein zweites Bedeutungsfeld war die Abgabe, die für die Teilnahme am gemeinsamen Handel gefordert wurde (und die ursprünglich wohl eine herrschaftliche, womöglich königliche Abgabe war), sein drittes das Recht der gemeinsam ausgeführten Handelstätigkeit, so daß personale, rechtliche und Tätigkeitsmerkmale – wie oft im Mittelalter – von nur einem Wort abgedeckt wurden. Der Begriff Hanse war räumlich zunächst an das nordwestliche Europa gebunden. Der Sache (nicht dem Namen) nach gab es gleiche Erscheinungen auch im Handel mit Skandinavien (die Soester Schleswigfahrer) sowie im Ostseeraum die noch näher zu erörternde „Gotländische Genossenschaft". Die Gemeinschaft von Kaufleuten und Städten erhielt folglich einen Namen, der (hauptsächlich) im Nordwesten Europas üblich war und – in der schriftlichen Überlieferung – erst von England aus (1282 erste Erwähnung der *mercatores de hansa Alemanie*) in den Ostseeraum kam.

3. Die Entstehung des hansischen Handelssystems

Die civitas Lubeke
In dem von den genannten drei Faktoren geprägten nördlichen Deutschland erfolgte die entscheidende Weichenstellung in Richtung „Hanse" durch die Einbeziehung der südwestlichen Ostseeküste ins *regnum Teutonicum* seit der Herrschaftszeit Lothars von Süpplingenburg (1106 Herzog von Sachsen, 1125 als Lothar III. König). Er privilegierte – wohl 1134 – die gutnischen Kaufleute, die damals die bedeutendste Rolle im Ostseehandel hatten, und versuchte damit vermutlich, deren Handel – in Konkurrenz zu Schleswig – auf die Kaufleutesiedlung des slawischen Alt Lübeck zu ziehen. Nach

der Eroberung des westlichen Teils des slawischen Abotriten-
reichs durch die Holsten und der Zerstörung Alt Lübecks
stattete Graf Adolf II. von Holstein im Jahre 1143 eine wohl
bereits auf dem heutigen Lübecker Stadthügel liegende Kaufleutesiedlung mit nicht überlieferten Rechten aus, erhob sie
zur *civitas*, zur Stadt, und nannte sie *Lubeke*, „weil sie von
dem alten Hafen und Hauptort, den einst Fürst Heinrich angelegt hatte, nicht weit entfernt war" (Helmhold von Bosau,
Slawenchronik).

Das war der Beginn der Expansion niederdeutscher Kaufleute bis ins Baltikum. Indem die deutschen Kaufleute bis zu
den Ausschiffungshäfen, z.T. bis zu den Produzenten der Ostseewaren vorstießen, erzielten sie günstigere Einkaufspreise,
und auf Grund der großen und ständig steigenden Nachfrage
in dem von ihnen belieferten westmitteleuropäischen Binnenland konnten sie bis dahin ungekannte Mengen abnehmen.
Dadurch kamen mehr Silber und westeuropäische Fertigprodukte in die Hand der osteuropäischen Fürsten und des dor-
tigen Adels, was deren Bereitschaft förderte, die niederdeutschen Kaufleute mit besonderen Vorrechten, Privilegien, vor
anderen handeltreibenden Gruppen auszustatten. Diese Privilegien wiederum benötigten die Kaufleute, um sich gegen die
Konkurrenz der seehandeltreibenden Ostseevölker durchzusetzen. Denn neben den niederdeutschen und den bereits genannten gutnischen Kaufleuten trieben auch slawische, pruz-
zische, baltische, russische und schwedische Kaufleute Handel
im Ostseeraum. Russische Schiffe werden 1157 in Schleswig
erwähnt, und auf Gotland und in Alt Abö (Turku) gab es
russische Kaufmannskirchen.

Die neue Stadt Lübeck hatte in diesem Prozeß eine zentrale
Rolle inne. Mit ihr wurde der im westlichen und mittleren
Europa entstandene Siedlungstyp der hochmittelalterlichen
Stadt über die Elbe an die Ostsee vorgeschoben: die Stadt als
permanenter Markt mit einer ortsfesten Einwohnerschaft aus
Kaufleuten und Gewerbetreibenden, die eine mit Selbstver-
waltungsrechten ausgestattete Gemeinde bildeten und eine ei-
gene Kirche hatten. Die Fernkaufleute, die sich dort niederlie-

ßen, konnten nach ihrem eigenen, sächsischen Recht und nach ihren eigenen Gewohnheiten leben. Damit war der erste dauerhafte Stützpunkt mit einer festen Einwohnerschaft und den bis dahin im Reich entwickelten Selbstverwaltungsrechten direkt an der Ostsee eingerichtet. Auch für die Kaufleute aus anderen Regionen des *regnum Teutonicum,* die über Lübeck in den Ostseeraum handelten, war damit eine höhere Rechtssicherheit gegeben. Dieser grundlegende Unterschied im Vergleich zu der slawischen Vorgängersiedlung muß betont werden gegenüber der Kontinuität des Handels*verkehrs,* die in der bewußten Übernahme des Namens des slawischen Alt Lübeck, *Liubice = Lubeke,* zum Ausdruck kommt. Er machte die neue Stadt für die niederdeutschen Kaufleute wesentlich attraktiver, als es Alt Lübeck gewesen war und Schleswig noch war.

Ein weiterer Vorteil der neuen Stadt war der für die Kaufleute aus Westfalen und (Nieder-)Sachsen im Vergleich zu Schleswig wesentlich kürzere Weg zur Ostsee, der nun zum Haupthandelsweg wurde. Die Bedeutung des Zugangs über Schleswig sank; die seefahrenden Kaufleute vom Niederrhein und von der südlichen Nordseeküste nutzten ihn jedoch weiter, weil er für sie günstiger war.

Der dritte Vorteil lag im direkten Zugriff auf Salz und Hering. Lüneburger Salz war bereits vor 1143 über Bardowick (bei Lüneburg), seit karolingischer Zeit Grenzhandelsort des Reiches zu den Slawen, zu den Heringsmärkten nach Rügen gebracht worden, so daß Lübeck einen schon eingespielten Handelszweig übernehmen konnte. Dessen Bedeutung stieg enorm, als in der zweiten Hälfte des 12. Jahrhunderts die schonischen Heringsmärkte aufblühten, die von Lübeck aus besser erreichbar waren als von Schleswig. Hering war ein Exportprodukt, das wegen des Bevölkerungswachstums und des christlichen Fastengebots (das im Mittelalter an rund 140 Tagen im Jahr galt) eine ständig wachsende Nachfrage aufwies.

Lübeck wurde zu einem zentralen Umschlagplatz für Hering und Salz sowie vom See- zum Landtransport und umgekehrt für den Warenstrom des Ost-West-Handels. Das muß bereits ab 1143 der Fall gewesen sein, da viele der am Ostseehandel und Heringsfang interessierten Kaufleute, die bis dahin in Bardowick ansässig gewesen waren, in das günstiger gelegene Lübeck übersiedelten. Die Schmälerung seiner Einnahmen in Bardowick führte zur Intervention Heinrichs des Löwen, deren Ergebnis die Übergabe Lübecks an ihn war. 1159 ließ er die inzwischen abgebrannte Siedlung neu errichten.

Das war ein für die ältere deutsche Hanseforschung magisches Datum. Mit dieser „Gründung" (die eigentlich ein Wiederaufbau war) habe sich der Strom deutscher Kaufleute wie durch eine plötzlich geöffnete Schleuse in die Ostsee ergossen und diesem Raum die begehrten westlichen Waren, aber vor allem die europäische Kultur gebracht. Tatsächlich war diese Übernahme der Stadtherrschaft eingebunden in die bereits rund eineinhalb Jahrhunderte früher begonnene Einbeziehung des Ostseeraums in das westmitteleuropäische Handelssystem. Der Aufstieg der Stadt setzte nicht erst mit der Herrschaft des Sachsenherzogs ein, vielmehr war die wachsende Bedeutung Lübecks der Grund für das Interesse Heinrichs des Löwen an der neuen Stadt.

Gotland, Novgorod und Riga

Die ersten Etappen des Vorstoßes der niederdeutschen Kaufleute über Lübeck zu den Handelsplätzen im Ostseeraum waren Gotland, Novgorod und Riga. Eine exakte Chronologie des Ablaufs läßt sich auf der Grundlage der derzeitig vorliegenden Quellen nicht geben, weswegen in Einzelfragen auch noch kein Konsens zwischen der schwedischen und deutschen Hanseforschung besteht.

Die Insel Gotland war Zentrum des Ostseehandels. Da die Schiffahrt bis weit ins 14. Jahrhundert hinein die Küstenschiffahrt bevorzugte und die Fahrt übers offene Meer möglichst vermied, hatte die Insel eine handelsstrategisch günstige Lage. Die gutnischen Kaufleute dominierten den lukrativen Rußlandhandel mit Pelzen und Wachs, und Gotland selbst war zudem Treffpunkt russischer, schwedischer, dänischer und in zunehmender Zahl deutscher Kaufleute geworden. Nachdem es vor 1161 auf der Insel zu blutigen Auseinandersetzungen zwischen Gotländern und Deutschen gekommen war und diese von Heinrich dem Löwen als dem Schutzherrn der deutschen Kaufleute beigelegt worden waren (beide Parteien räumten sich gegenseitig die gleichen Rechte im jeweiligen Gastland ein), fuhren gutnische und niederdeutsche Kaufleute für rund 100 Jahre in gemeinsamen Fahrtgemeinschaften nach Rußland (bereits im 12. Jahrhundert), nach England (in der ersten Hälfte des 13. Jahrhunderts) und vermutlich auch nach Norwegen (seit der Wende vom 12. zum 13. Jahrhundert).

Ähnlich wie im Heringshandel vor Rügen klinkten die deutschen Kaufleute sich also auch hier in eine bereits bestehende Handelsverbindung ein, wohnten in Novgorod zunächst als Gäste auf dem gutnischen Handelshof (seit wann, ist umstritten), erhielten aber bereits 1191/92 das Recht, einen eigenen, den St.-Peter-Hof, zu errichten (schriftlich erwähnt 1259). Damit hatten sie, etwa ein halbes Jahrhundert nach der Stadterhebung Lübecks, im wichtigsten Handelszentrum des Ostens festen Fuß gefaßt. Neben Pelzen, Wachs und Flachs erstanden sie dort fernöstliche Waren: Gewürze, chinesische und persische Seiden, Apothekerwaren und Weihrauch. Von Westen her führten sie flämische Tuche, Buntmetalle und vor allem Silber nach Novgorod ein.

Seit den 1180er Jahren bildete sich mit dem von Livland (in etwa das heutige Estland und Lettland) ausgehenden Dünahandel ein zweiter Schwerpunkt des Rußlandhandels, der in engem Zusammenhang mit der Missionierung Livlands stand. Der gesamte Nachschub an Kreuzfahrern und Material für die zu diesem Zweck durchgeführten Kreuzzüge lief über Lübeck via Gotland nach Livland, so daß Lübeck und die Transportkapazität der Lübecker Kaufleute und Schiffer auch ins Blickfeld der päpstlichen Europapolitik gerieten. 1201 entstand die Stadt Riga, Sitz von Bistum und Domkapitel, wie fast überall im Ostseebereich neben einer älteren, einheimischen Siedlung. 1211 wurden zahlreiche Kaufleute durch Privilegierung zur Niederlassung gewonnen. Damit war die zweite deutsche

Stadtgründung im Ostseeraum erfolgt, und zwar in der für die Zeit und den östlichen Ostseeraum typischen Doppelfunktion: einmal zur Unterstützung der christlichen Mission und zum anderen zur Erweiterung des Handelsraumes der Kaufleute. Ungefähr gleichzeitig ließen sich deutsche Kaufleute in Visby auf Gotland nieder und bildeten eine deutsche Gemeinde (die 1288 mit der gutnischen zu einer Stadtgemeinde vereinigt wurde). Auf der Düna kamen die niederdeutschen Fernhändler zu den Handelsplätzen Polozk und Witebsk und gewannen von Smolensk aus, mit dessen Fürsten sie 1229 einen Handelsvertrag schlossen (s. u.), Verbindung mit Kiew und dem bislang auf Konstantinopel ausgerichteten Teil Rußlands. Die frühhansischen Kaufleute vermittelten somit über Novgorod und über den Dünahandel einen großen Teil der orientalischen Luxuswaren in die Wirtschaftszentren des nordwestlichen Europa (H. Haussig).

An der südlichen Ostseeküste zeigte sich ein ähnliches Bild. Dort begannen Kaufleute aus dem Reich sich noch in der zweiten Hälfte des 12. Jahrhunderts festzusetzen, meist in Siedlungen, die neben bereits bestehenden Seehandelsplätzen angelegt wurden und diese bald überflügelten. Auch hier bewegten sich die deutschen Kaufleute auf zumeist bekanntem Terrain, da sächsische Kaufleute seit dem 10. Jahrhundert in den Seehandelsplätzen dieser Regionen nachgewiesen sind. Mit Stadtrecht wurden diese Siedlungen erst im 13. Jahrhundert bewidmet (beginnend mit Rostock im Jahre 1218), was lange Zeit den Blick auf den tatsächlichen Beginn der Niederlassungen verstellte. Der größte Teil der Siedler kam – von Lübeck absegelnd – über See. Das slawische Stettin aber wurde bereits um 1180 von einer deutschen Niederlassung überflügelt, deren Bewohner auf dem Landweg aus dem mitteldeutsch-magdeburgischen Raum kamen.

Das frühe hansische Handelssystem

Seit Beginn des 13. Jahrhunderts brachten Fernkaufleute der neuen Städte des Ostseeraums ihre Waren selbst in die westlichen Hauptabsatzgebiete, zunächst nach England, später, aber noch vor der Jahrhundertmitte, nach Flandern. Dort trafen sie mit Kaufleuten aus den niederrheinischen und westfälischen Städten zusammen, die in diesen Ländern seit langem Handel trieben. Aus diesem zunächst nicht reibungslosen Zusammentreffen entwickelte sich seit der Mitte des Jahrhunderts ein gemeinsames Vorgehen der Kaufleutegruppen, die in England Handel trieben, und der städtischen Gesandten in Flandern. Allerdings überwogen die Eigeninteressen der einzelnen Städtegruppen, wie sich besonders an den Vorgängen in England erkennen läßt, wo seit dem Beginn der Beziehungen die Konkurrenz zwischen den kölnisch-niederrheinischen und den Ostseekaufleuten eine bestimmende Rolle spielte. Dort waren auch die Handelsniederlassungen relativ klar voneinander geschieden. Bis zum Beginn des 16. Jahrhunderts wurde der Handel zur englischen Ostküste, von Lynn bis Newcastle von den Kaufleuten aus dem Ostseegebiet einschließlich Hamburgs beherrscht. Der Handel der Kölner und westfälischen Kaufleute war dagegen im Stalhof in London, der seit 1175/76 bezeugten *gildhalla* der Kölner, aber auch in Ipswich und Colchester konzentriert (s. Karte 1).

Damit stand zu Beginn des 13. Jahrhunderts das frühhansische Handelssystem. Aus den Städten zwischen Niederrhein und Niederelbe zogen die Fernkaufleute nach Westen, vor allem nach England, und nach Osten, nach Visby, nach Novgorod oder auf der Düna nach Smolensk. Die in den Zielländern jeweils erstandenen Waren verkauften sie in ihren Heimatstädten oder auf den Handelsmessen am Niederrhein. Aus den neuen Städten des Ostseeraums zogen die Kaufleute direkt in die Zielländer des Westens. Die Handelswege im Ostseeraum waren Seewege, von Lübeck aus nach Westen war der Landweg über Westfalen wegen des starken Eigenhandels der niederrheinischen und westfälischen Kaufleute am stärksten befahren, doch wurde ab Hamburg auch der Seeweg benutzt. Ob niederdeutsche Kaufleute an der seit der Wende vom 12. zum 13. Jahrhundert nachgewiesenen Fahrt gutnischer Kaufleute nach Bergen in Norwegen und von dort nach Ostengland beteiligt waren, ist unsicher.

Dieses Handelssystem wurde im Verlauf des 13. Jahrhunderts verdichtet. Grundlegend war dafür das dänische Ostseeimperium im ersten Jahrhundertviertel: Waldemar II. befriedete die bis dahin vom Seeräuberunwesen heimgesuchte Ostsee. Besonders Lübeck, das von 1201 bis 1225 dem Dänenkönig unterstand, profitierte von der *pax Waldemariana* und baute seine Vormachtstellung im Ostseehandel weiter aus. Die dänische Stadtherrschaft über Lübeck und die Lehnsherrschaft über die südwestliche Ostseeküste bis Pommern war folglich keine Knechtung Lübecks und keine Gefährdung des Deutschtums im Osten, sondern die Voraussetzung für die weitere Stärkung des Handels der Stadt im befriedeten Ostseeraum.

Ostsiedlung, Ordensstaat und skandinavische Länder
An der Süd- und an der Ostküste der Ostsee legten deutsche Kaufleute vom Meer her weitere Niederlassungen neben bereits vorhandenen, meist slawisch-skandinavischen bzw. baltischen Ansiedlungen an wie z. B. Danzig und – im Hinterland auf dem Landweg nach Novgorod – Dorpat. Bereits bestehende Siedlungen wurden mit Stadtrecht bewidmet (Wismar 1229, Stralsund 1234, Greifswald 1250).

1231 begann der Deutsche Ritterorden, vom Land her auf die Küste vorstoßend, mit der Eroberung Preußens (1231 Gründung Thorns). 1237 erreichte er die Küste und gründete die Stadt Elbing, kurz nach 1255 und erneut 1286 Königsberg. Die in der historischen Literatur zur Selbstverständlichkeit gewordene Beteiligung Lübecks an der Gründung Elbings findet in den Quellen jedoch keinen Rückhalt. Mit der ersten Stadtrechtsverleihung an Königsberg im Jahre 1255 waren alle bedeutenden (späteren) Hansestädte im Ostseeraum entstanden. Die ländliche Siedlung vom Binnenland her verstärkte sich, und am Ende des Jahrhunderts erreichte die deutsche Ostsiedlung im östlichen Ostpreußen ihre äußerste Grenze, so daß das gesamte Hinterland der südlichen Ostseeküste von Mecklenburg bis an die Memel in steigendem Maße als Produktionsraum für Waren des hansischen Handels diente.

Die land- und waldwirtschaftlichen Produkte dieses Raumes – Getreide, Holz, Pottasche, Teer u.a. – waren vom 13. bis ins 19. Jahrhundert genau die Nahrungsmittel und Rohstoffe, die vor allem die bevölkerungsreichen „Industrienationen" des späten Mittelalters und der frühen Neuzeit – Flandern und Brabant, die nördlichen Niederlande und England – dringend benötigten, weswegen die Holländer, Seeländer und schließlich auch die Engländer letztlich erfolgreich versuchten, den hansischen Zwischenhandel auszuschalten und diese Waren direkt in den jeweiligen Produktionsgebieten zu erstehen.

Gegen Ende des 13. Jahrhunderts suchten die deutschen Kaufleute über die Weichsel-Route Verbindungen nach Krakau und Ungarn und durch Polen Anschluß an die für den Gewürzhandel bedeutende Handelsstraße zum Schwarzen Meer; jedoch könnten auch die Goldminen Schlesiens und die Exportgüter Böhmens (Wachs, Zinn und Silber) gelockt haben.

Auch der skandinavische Norden wurde im 13. Jahrhundert verstärkt in das Handelssystem der niederdeutschen Kaufleute eingebunden. In Dänemark, das wegen seiner geographischen Lage, insbesondere wegen der Sperriegelfunktion der Jütischen Halbinsel, für den Handelsverkehr der Hansestädte eine enorme politische Bedeutung bekommen sollte (man sprach früher von der „Schicksalsmacht der Hanse"), hatten seit dem späten 12. Jahrhundert die schonischen Heringsmärkte eine für die Wirtschaft der wendischen Hansestädte kaum zu überschätzende Bedeutung. Sie entwickelten sich in der ersten Hälfte des 12. Jahrhunderts zu einer internationalen Handelsmesse zwischen Ost und West. Nach Schweden, das durch die Kupfergewinnung in Falun einen wirtschaftlichen Aufschwung erlebte, wanderten deutsche Kaufleute, Handwerker und Bergleute ein, vor allem nach Kalmar und Stockholm, an dessen Gründung (um 1251) sie großen Anteil hatten. Neben den beiden wichtigsten Exportprodukten, Kupfer und Eisen, führten die niederdeutschen Kaufleute land- und viehwirtschaftliche Produkte, Pelze und Fisch aus Schweden aus.

Vergleichbar dem schonischen Hering in Dänemark hatte Norwegen im Stockfisch ein Exportprodukt, das europaweite Nachfrage hatte. Wann deutsche Kaufleute aus dem Ostseebereich begannen, mit Norwegen Handel zu treiben, ist nicht bekannt. Jedenfalls war der Export von Getreide, Mehl und Malz von Lübeck nach Bergen um 1240 schon üblich. Seit der Mitte des Jahrhunderts gelang es den Kaufleuten der wendischen Hansestädte, mit holsteinischem, lauenburgischem und mecklenburgischem Roggen, der durch die agrarische Erschließung der Länder infolge der Ostsiedlung in ständig wachsenden Mengen zur Verfügung stand, die Engländer vom norwegischen Markt zu verdrängen. Seit etwa 1259 begannen deutsche Kaufleute den Winter über in Bergen zu bleiben – was ihnen Vorteile beim Einkauf des hauptsächlich in den Wintermonaten nach Bergen gebrachten Stockfisches und anderer Fischprodukte verschaffte. Mit dem Erwerb von Höfen in der Stadt legten sie den Grundstein für die spätere hansische Niederlassung. Ähnlich wie in England ließen sich die niederdeutschen Kaufleute auch in Norwegen an verschiedenen Orten nieder: Bergen hatte, vergleichbar mit dem Stalhof in London, eine zentrale Stellung; dort trafen sich Kaufleute aus dem ganzen hansischen Raum, auch wenn es mehr und mehr von Lübeck dominiert wurde. In Oslo und Tønsberg tätigten dagegen die Fernhändler der östlich von Lübeck gelegenen wendischen Städte, insbesondere Rostocks, ihre Handelsgeschäfte.

Das westliche Europa
Während im Ostseeraum die Expansion des Handels der niederdeutschen Kaufleute bis an die Westgrenze Rußlands durch die Anlage von Städten unterstützt wurde, in denen sich Genossen dieser Kaufmannschaft als Bürger niederließen, konnten sie in Norwegen und in den westlichen Zielländern ihres Handels, in Nordfrankreich, Flandern und England, nur als „Gäste" Fuß fassen, d.h. als periodisch anwesende und zum Handel zugelassene auswärtige Kaufleute. Einzig in Flandern versuchten die frühhansischen Kaufleute 1252/53 in

der Nähe von Brügge ihr im Ostseeraum so erfolgreich er-
probtes Modell einer niederdeutschen, kaufmännisch bestimmten bürgerlichen Stadt durchzusetzen. Das Projekt Neu-
Damme scheiterte jedoch – vermutlich am Widerstand der
Gräfin von Flandern und der Stadt Brügge.

Dort hielt man die niederdeutschen Kaufleute, nachdem sie
schon in den bislang von den flämischen Kaufleuten dominierten flämischen Osthandel eingedrungen waren, erfolgreich
im Status von Gästen. Der Flandernhandel zeigte bereits im
13. Jahrhundert die schon mehrfach betonte handelswirtschaftliche Bedeutung des Ostseeraums hinsichtlich von Rohstoffen und Lebensmitteln. Die ersten schriftlich überlieferten
Waren Lübecker und Hamburger Kaufleute auf dem Weg
nach Flandern waren im Jahre 1244 Getreide (aus der Alt-
mark), Flachs, Hanf, Talg, Holz, Pech, Teer, Pottasche, Hering, Stockfisch und Salz. Die frühen Hansen verdrängten ihre
flämischen Konkurrenten, indem sie ihnen – so die derzeit allgemein anerkannte These – auf den Handelsmärkten des
Reichs die Rückfracht, in erster Linie die begehrten Ostwaren,
vorenthielten. So konnten die flämischen Kaufleute im Reich
die Produkte ihrer Region nur gegen Bargeld oder Zahlungs-
versprechen absetzen, die hansischen Kaufleute dagegen waren bald die einzigen Lieferanten von Ostwaren in Flandern.
Die spezifischen Bedürfnisse Flanderns als Tuchproduktions-
zentrum zeigen sich im Vergleich zu England an den unterschiedlichen Importwaren: Während in Flandern die Rohstoffe des Ostseeraums seit Beginn des frühhansischen Handels
eine große Rolle spielten, war der Englandhandel bis zum Ende des 13. Jahrhunderts von der Nachfrage des Königshauses
und des Adels nach Pelzen und Wachs gekennzeichnet. Erst
seit den 1280er Jahren begann ein nennenswerter Import von
Holz aus Norwegen und aus dem östlichen Ostseeraum.

Um die Mitte des 13. Jahrhunderts standen Brügge und
Flandern noch im Schatten der Messen der Champagne, wo
die frühhansischen Kaufleute auf italienische Fernhändler und
deren Warensortiment, vor allem fernöstliche Gewürze und
Seidenstoffe, trafen (die sie auch am anderen Ende ihres Han-

delsraumes, in Novgorod, über die nördlichen Abzweigungen der Seidenstraße und über die Schwarzmeerroute zur Weichsel erhielten). Erst gegen Ende des Jahrhunderts sollte im Zusammenhang mit später zu schildernden Umstrukturierungen des europäischen Handelssystems die Tuchproduktionsregion Flandern auch zur zentralen Handelsregion werden und besonders Brügge die Messen der Champagne ablösen.

Damit ist der Überblick über die Handelsinteressen der niederdeutschen Kaufleute in der Konstituierungsphase der Hanse bis in die zweite Hälfte des 13. Jahrhunderts hinein abgeschlossen. Welche Organisationsformen zur Durchführung und Sicherung des Handels zur Verfügung standen und welchen Veränderungen sie unterworfen waren, soll uns im folgenden beschäftigen. Beginnen wollen wir mit den frühhansischen Kaufleuten selbst.

4. Die frühhansischen Kaufleute und ihre Organisationsformen

Die frühhansischen Kaufleute

Wer waren die Fernkaufleute, die diese Entwicklung in Gang setzten? Woher kamen sie, und welche Mittel standen ihnen zur Verfügung? Zunächst zu letzterem: Über die Kapitaldecke der frühhansischen Kaufleute wissen wir so gut wie nichts, da sich die Forschung bis heute kaum um die Frage gekümmert hat, wie die niederdeutschen Kaufleute des Raumes zwischen dem Niederrhein und der unteren und mittleren Elbe bis Magdeburg in einem solchen Ausmaß in den Ost-West-Fernhandel eindringen und ihn innerhalb von 200 Jahren fast an sich reißen (jedoch nicht monopolisieren) konnten. Das einzige, was sich vermuten läßt, ist die Bedeutung der Harzmetalle, die in der Konstituierungsphase des frühhansischen Handelsnetzes im 11. und 12. Jahrhundert als „Anschubfinanzierung" gedient haben müssen. Gewonnen wurde hauptsächlich Kupfer, das in Niedersachsen, besonders in Braunschweig, und in Westfalen weiter verarbeitet wurde.

Allerdings hat die Hochfinanzforschung für das hohe Mittelalter in den letzten drei Jahrzehnten frühere Vorstellungen von einer nur geringen Kapitalkraft damaliger Kaufleute vollständig revidiert. Die Bedeutung der kaufmännischen Führungsgruppe, ihre Verbindungen zur Ministerialität und der politische Einfluß, den sie mit ihrem Geld nahm, ist im Westen des Reichs seit dem späten 12. Jahrhundert bezeugt. Herausgearbeitet wurde die Bedeutung wohlhabender Kölner Fernhändler und Ministerialen für die Wahl des Welfen Otto IV. 1198 zum römisch-deutschen König. Große wirtschaftliche Potenz und starken politischen Einfluß hatte damals in Köln Gerhard Unmaze (1159–1198), der als erzbischöflicher Untervogt, Zöllner, Schöffe und Amtmann der Richerzeche wirkte, (erschließbar) Großhandel betrieb und dem im Epos „Der gute Gerhard" des Rudolf von Ems ein literarisches Denkmal gesetzt wurde. Im Nordwesten des frühhansischen Wirtschaftsraumes, in London, wirkte in der ersten Hälfte des 13. Jahrhunderts der Großkaufmann Terricus Teotonicus aus Köln. Er diente König Heinrich III. in vielen Funktionen (in Münzfragen, bei politischen Missionen, in Finanzfragen, als Messe-Vogt in der Textilstadt Stamford) und war möglicherweise der erste Aldermann der deutschen Kaufleute in London. Ebenfalls in London war Arnold Fitz Thetmar tätig, bekannt als erster Chronist Londons. Sein Vater stammte aus Bremen, seine Mutter aus Köln. Er war 1251 und in den folgenden Jahren der Aldermann der nach England reisenden deutschen Kaufleute. Vermutlich war er es, der Richard von Cornwall bei der Erringung der römisch-deutschen Königskrone maßgeblich unterstützte, wofür Bremen und Köln, die Heimatstädte seiner Eltern, verbesserte Privilegien in England erlangten.

Zwar wissen wir wegen der unbefriedigenden Quellenlage nicht, ob diese Kaufleute auch nach Osten handelten, aber sie waren alle im Westen des frühhansischen Wirtschaftsraums tätig, der „gute Gerhard" (alias Gerhard Unmaze) in der literarischen Umsetzung auch im Rußlandhandel. Die Vorstellung, daß nur Kaufleute mit einem Vermögen, das so hoch war wie der Wert der Waren, die sie auf der Reise selbst begleiten konnten, den lukrativen Osthandel im 11. und 12. Jahrhundert gestaltet hätten, die implizit noch in den meisten Darstellungen des frühhansischen Handels im Ostseeraum mitschwingt, muß also revidiert werden.

Die Fernkaufleute rekrutierten sich vielmehr aus einer breiten sozialen Schicht. Sie waren noch nicht ständisch, sondern tatsächlich durch den Beruf des Fernkaufmannes geeint. In der Regel waren es Angehörige von drei gesellschaftlichen Gruppen: Die erste Gruppe bildeten Ministeriale (Dienstleute unfreier Herkunft im „gehobenen" Dienst) aus der *familia* (Personenverband) eines Stadtherrn. Sie konnten vor allem in Städten mit starker Stadtherrschaft zum Fernhandel kommen, da es viele direkte Verbindungen zwischen den ihnen übertragenen Aufgaben in der städtischen Verwaltung (Markt-, Münz- und Zollverwaltung) und dem Fernhandel gab; oft wurde z.B. der Zoll in Waren beglichen, die dann vom Zöllner verkauft werden mußten. Überschneidungen gab es auch bei der Vermarktung der Agrarprodukte, die auf den Ländereien der Ministerialen erzeugt wurden. Die zweite Gruppe bildeten Altfreie, die vor Ort über Grundeigentum und Gerichtsrechte verfügten und oft zur städtischen Führungsgruppe gehörten; auch sie konnten mit den Erzeugnissen ihrer Ländereien Fernhandel treiben. Die dritte und größte Gruppe stellten um die Mitte des 12. Jahrhunderts die ‚eigentlichen' Fernkaufleute, die sich aus Kaufleuten unterschiedlicher Herkunft zusammensetzten: aus den fahrenden, in Gilden zusammengeschlossenen Kaufleuten, die in besonderen, von anderen Siedlungen entfernt liegenden Plätzen, wie z.B. Seehandelssiedlungen (Tiel), oder in speziellen Kaufleuteniederlassungen innerhalb der mehrkernigen frühen Städte gewohnt und sich im Verlauf der Gemeindebildung mit den Bewohnern anderer Siedlungskerne zusammengeschlossen hatten; aus Kaufleuten, die aus der *familia* kirchlicher und weltlicher Grundherrschaften stammten und die Vermarktung von Überschüssen besorgten; in steigender Zahl auch aus marktorientierten Handwerkern, d.h. solchen, die nicht mehr nur auf Bestellung arbeiteten und die sozusagen auf dem Sprung zum Kaufmannsberuf waren. Aus ihnen allen entstand seit dem 11. Jahrhundert die Gruppe der stadtgestützten Berufskaufleute. Weiter gab es die saisonabhängigen Bauernhändler aus den Küstenregionen, Eigentümer großer Höfe, die ebenfalls ihre Überschüsse aus der Landwirtschaft und Produkte des Hausgewerbes in den Fernhandel einbrachten und die, besonders in Friesland und Dithmarschen, bis ins 16. Jahrhundert hinein Träger eines nicht städtisch gebundenen Fernhandels blieben.

Belegstellen aus der mittelhochdeutschen und westeuropäischen Literatur, denen zufolge Fernkaufleute und Ritter den gleichen Lebensstil hatten, zeigen, daß die Spitzengruppe der Fernkaufleute, Altfreie und Ministerialität eng miteinander verflochten und keine streng voneinander geschiedenen Gruppen waren. „Der Kaufmann, der als Ritter auftritt, schmückt sich nicht mit fremden Federn, es sind seine eigenen; der Ritter, der Handel treibt, steigt nicht vom Pferde herab" (H. Klinkenberg). Die enge Verbindung, die die Zeitgenossen an der Wende vom 12. zum 13. Jahrhundert zwischen der idealistisch überhöhten ritterlichen Bewährungsfahrt und dem verwegenen Abenteuer einer Fernhandelsreise sahen, kommt deutlich im bereits erwähnten „Guten Gerhard" zum Ausdruck. *Aventure* wurde so gleichermaßen die Bezeichnung für die ritterliche Fahrt wie für den Handel des Fernhändlers, und von dort ging sie über in den Begriff des wirtschaftlichen Risikos in der Sprache der kaufmännischen Buchführung des 14. Jahrhunderts.

Bis ins 14. Jahrhundert hinein sind im hansischen Raum kaum Einzelschicksale von Kaufleuten faßbar. Allenfalls mit Hugo von Hildesheim ist Ende des 12. und zu Beginn des 13. Jahrhunderts ein frühhansischer Fernhändler überliefert. An seinem Beispiel konnte exemplarisch die Verknüpfungsmöglichkeit der wenigen überlieferten Quellen gezeigt werden. Er stammte (wahrscheinlich) aus einer der führenden ministerialischen Familien der Bischofsstadt Hildesheim, die u. a. den Stadtvogt und den Vogt des Michaelisklosters stellte, heiratete wohl eine Tochter des holsteinischen Overboden (= Führer des holsteinischen Volksadels) Marcrad II. – eine zweite

Tochter des Overboden wurde Nonne in Hildesheim – und hatte Kontakt zu Neumünster. Da er Besitz im holsteinischen Brachenfeld an das Kloster Dünamünde bei Riga schenkte, muß er auch enge Verbindungen zu Livland gehabt haben. Charakteristisch wäre somit die Verbindung zwischen früh-hansisch-frühstädtischer Führungsschicht und den altfreien und niederadligen Familien des Landes einerseits und den weiträumigen Beziehungen zwischen Hildesheim, Holstein und Livland andererseits, die sich durch eine Tätigkeit als Fernhändler am plausibelsten erklären lassen. Gleichen Standes mit Hugo von Hildesheim dürften die ersten überlieferten Kaufleute im Ostseehandel und in der Stadt Lübeck sein; sie stammten aus dem Altreich und waren Älterleute der Kaufleute bzw. Mitglieder der städtischen Führungsgruppe.

Für die Träger des frühhansischen Handels läßt sich somit festhalten, daß die Mitglieder der Führungsgruppe(n) aus Familien stammten, die Erfahrung in der herrschaftlichen Verwaltung hatten, aber auch Erfahrung in der Vertretung eigener Interessen den jeweiligen Ortsherren gegenüber. Zum zweiten waren die finanziellen Ressourcen, die hinter einzelnen Mitgliedern dieser Führungsgruppen gestanden haben dürften, wesentlich größer, als man sich noch vor wenigen Jahren (Rörig ausgenommen) träumen ließ.

Dieser Gesichtspunkt spielt eine wesentliche Rolle im Hinblick auf die Organisation und Durchführung der großen Siedlungsbewegungen, die seit Beginn des 13. Jahrhunderts den Transfer west- und mitteleuropäischer Kultur-, Rechts- und Lebensformen in den Ostseeraum beschleunigten: die Anlage städtischer Siedlungen an der südlichen Ostseeküste und die Ostsiedlung, die ländliche Siedlungsbewegung, die das Hinterland agrarisch erschloß und dessen Produkte in den frühhansischen Handel einspeiste.

Die Anlage neuer städtischer Siedlungen kostete große Summen Geldes. Bis heute wissen wir nicht, woher das Geld für den Aufbau der meist als adlige Gründung gedachten Siedlungen kam. Rörig hatte dieses Problem erkannt, auch wenn sein Gründungskonsortium die falsche Lösung war; seine Beweisführung jedenfalls ist nicht haltbar. Wichtig ist diese Frage nicht nur wegen der Kapitalkraft der beteiligten Personen, sondern auch wegen der Rechte, die ihnen im Gegenzug für die Finanzierung von den adligen Stadtherren gewährt wurden. Die ökonomische Überlegenheit der Führungsgruppen der frühen Städte im Ostseeraum dürfte auf ihre ursprüngliche Kapitalkraft einerseits, aber auch auf die ihnen überschriebenen finanziell nutzbaren Rechte – Zoll, Marktgerichtsbarkeit, Münze – zurückzuführen sein.

Wir müssen uns also von der Vorstellung einer ökonomisch relativ ausgeglichenen Gruppe von Fernkaufleuten verabschieden, die den frühhansischen Fernhandel des 12. und 13. Jahrhunderts und die Stadtentstehung dieser Zeit geprägt habe, auch wenn dieses Konstrukt der Gleichheit durch die zeichnerische Rekonstruktion hansischer Ostseestädte, insbesondere Lübecks, aus der Feder Karl Grubers Generationen von Schülern, Studenten und historisch Interessierten beeinflußte – Bilder, die von Rörig zwei Jahrzehnte später auch noch „wissenschaftlich" untermauert wurden.

Das Bild, das uns die Quellen heute zeigen, gibt eine zwar rechtsgleiche – weil alle über den Eid der bürgerlichen Gemeinde verbundene Eidgenossen waren –, sozial aber extrem differenzierte städtische Gesellschaft wider. Diese Differenziertheit betraf auch die Gruppe der Kaufleute. Das ist ein wesentlicher Gesichtspunkt für die gesellschaftliche Hierarchie innerhalb der entstehenden Städte, aber auch für die soziale Akzeptanz der städtischen Führungsgruppen innerhalb der adligen Welt bis mindestens zum Ende des 14. Jahrhunderts. Denn die Berufsgruppe der Fernkaufleute (und die Führungsgruppen in den Städten ohnehin) umfaßte(n) im 12. und 13. Jahrhundert Mitglieder, die aus denselben sozialen Gruppen stammten, aus denen sich im gleichen Zeitraum der landsässige Niederadel bildete. Erst seit dem Ende des 14. Jahrhunderts wird das Rittertum in zeitgenössischen Quellen als mit dem stadtbürgerlichen Stand nicht vereinbar geschildert. Die bedeutende verfassungsrechtliche Position, die Lübeck, das spätere *hovet* (Haupt) der Hanse, als Reichsstadt seit

1226 innehatte, dürfte nicht zuletzt durch die ständische Qualität seiner Führungsgruppe erst möglich geworden sein.

Die Fahrtgemeinschaften der niederdeutschen Kaufleute

Der Auslandshandel im 12. und – in regional unterschiedlicher Dauer – auch im 13. Jahrhundert war beim Landhandel als Karawanenhandel, beim Seehandel in Konvoifahrt organisiert. Die Unsicherheit der Straßen und Wege, die ständige Gefahr, beraubt zu werden, zwang die Kaufleute – die bereits in karolingischer Zeit das Recht hatten, das Schwert zu führen – zum gemeinsamen Reisen in Fahrtgemeinschaften. Diese Vereinigungen von Kaufleuten auf der Fahrt und am auswärtigen Ziel nannte man *Hansen.* Die *kore,* das Willkürrecht, das ihnen erlaubte, ihre Angelegenheiten innerhalb der Gilde selbst, ohne Hinzuziehung eines herrschaftlichen Richters, zu schlichten, war der Kernpunkt spezifischer Rechte fahrender Kaufleute (*ius mercatorum*), deren Ursprung bis in die Antike zurückreichte. Die Kaufleute auf ihren Handelsreisen waren somit seit dem frühen Mittelalter in der Lage, ihre inneren Angelegenheiten selbst zu regeln, und diese Regelungsfähigkeit wurde von den Herrschaftsträgern auch anerkannt.

Im 12. und 13. Jahrhundert setzten sich diese Fahrtgemeinschaften aus den Fernhändlern einer Stadt, mehrerer Städte, einer Region oder mehrerer Regionen zusammen. In ihren Herkunftsgebieten waren sie in der Regel in Einungen (Gilden) verbunden. Denn als sich seit dem 11. Jahrhundert die städtischen Gemeinden entwickelten, bildeten die Kaufleute jeweils eine der Einungen, aus denen sich die Gesamtgemeinden zusammensetzten. Als solche übernahmen sie auch Aufgaben für die Stadt, ihr eigentliches Aufgabenfeld aber war die Organisation des Fernhandels.

Die (freie) Einung war eine grundlegende Organisationsform der mittelalterlichen Gesellschaft. Sie ist bereits im frühen Mittelalter als ländliche, als bäuerliche Kommune nachgewiesen, war also kein (kaufmännisch-) städtisches Phänomen des 11. Jahrhunderts. Da die aristokratisch-herrschaftliche Überlieferung der Ständegesellschaft überwiegt, kommt sie in den schriftlichen Quellen nicht ausreichend oder nur in abwertender Sicht zur Geltung, so daß ihre tatsächliche Bedeutung für die mittelalterliche Gesellschaft und die Rolle des Individuums in ihr lange Zeit nicht erkannt wurde. Sie entstand in Verhältnissen der gesellschaftlichen und politischen Desorganisation und stellte aus diesem Grund „eine auf Vertragshandeln (*pactum*), also auf Vereinbarung und Konsens beruhende Verbindung von Individuen dar (...), mit dem Ziel einer umfassenden gegenseitigen Hilfe" (O. Oexle). Ein wesentliches Element war die Selbstverpflichtung der Genossen auf die Einhaltung der im Wege der Verwillkürung gewonnenen Ordnungen ihres Verbandes.

Seit der Zeit Karls des Großen wurden die Kaufleute, die sich darum bewarben, von den Königen in ihren Schutz genommen und mit Schutzbriefen (Schutzprivilegien) ausgestattet. Diese Kaufleute waren folglich königsunmittelbar und blieben es auch, als die Herrschaftsträger, in deren Gerichtsbezirk eine Kaufleutegilde saß, die königlichen Schutzbriefe erwarben. Nur mußte nun der einzelne Kaufmann bei der Gilde und bei dem jeweiligen Gerichtsherrn die Aufnahme in den Kreis der unter Königsschutz stehenden Kaufleute beantragen.

Als im 12. und vor allem im 13. Jahrhundert im *regnum Teutonicum* immer mehr königliche Rechte an die Territorialherren übergingen, verlor auch der Königsschutz innerhalb des Reichs für die Kaufleute an Bedeutung, blieb bei der Fahrt ins Ausland jedoch bestehen. Insofern war jede Kaufleutegilde aus dem Reich, die sich um den Königsschutz bemüht hatte, gleichgültig woher sie kam, Teil des großen Verbandes der Kaufleute des Königs oder Kaisers, weswegen sie im Ausland auch als *homines* oder *mercatores imperatoris*, als „Leute" oder „Kaufleute des Kaisers", bezeichnet wurden. Unabhängig von wirtschaftlichen und/oder regionalen Konkurrenzverhältnissen gab es folglich eine verfassungsrechtlich definierte Genossenschaft aller unter Königsschutz stehenden deutschen Kaufleute im Ausland.

Zu Beginn einer Fahrt ins Ausland werden die Gildegenossen den Wik- oder Hansegrafen gewählt haben, der vom König – oder in dessen Namen vom Stadtherrn der Gilde – mit der Ausübung des Schutzes betraut wurde, d. h. mit der Abhaltung des Gerichts der Kaufleute, mit der Führung der Fahrtgemeinschaft ins Ausland und mit der Erhebung der Abgaben, die sie dem König für seinen Schutz schuldeten. Eide sind im Zusammenhang mit den frühen Kaufmannsgilden und Fahrtgemeinschaften nicht überliefert. „Wenn es sie gab, müssen es Herreneide gewesen sein, die die Schwörenden zu Treue und Gehorsam gegenüber dem Könige und dessen Amtleuten, zur Gerichtsfolge und zur Leistung von Zöllen und Abgaben verpflichteten und sie daher zu einem herrrschaftlichen Verbande einten" (E. Pitz)

Aus dem westlichen Handelsraum sind keine Fahrtgemeinschaften mehrerer niederdeutscher Städte überliefert, obgleich diese Organisationsform dort geläufig war, wie die flämische „Hanse der 17 Städte" oder die „Flandrische Hanse" in London belegen. Möglicherweise gingen die einzelstädtischen Gilden bereits selbständig auf Fahrt, wie sie ja auch als Kölner, Tieler oder Dortmunder Verträge mit dem englischen König abschlossen. Im Osten ist die Überlieferung günstiger. Dort dürfte Heinrich der Löwe in dem Abkommen mit Kaiser Friedrich I. auch das Recht erhalten haben, im Ostseeraum die Rolle des Königs als Schutzherr der deutschen Kaufleute zu übernehmen. Auf dieser Grundlage setzte er den – von den Kaufleuten gewählten – Vogt und Richter an die Spitze der von Lübeck absegelnden Fahrtgemeinschaften. Mit dem im Zusammenhang mit dem Artlenburger Vertrag genannten Odelricus fassen wir wenigstens einmal den Namen eines solchen Ältermanns der Kaufleute.

Die Fahrtgemeinschaften, die von Lübeck aus nach Gotland und später weiter nach Novgorod oder Riga segelten, setzten sich aus den Kaufleuten zahlreicher verschiedener einzelstädtischer und landschaftlicher Gilden zusammen. Das spiegelt sich deutlich in den Handelsverträgen des 12. und der ersten Hälfte des 13. Jahrhunderts, wie z. B. in dem Vertrag, den der

Fürst von Smolensk 1229 mit dem Bischof von Riga und mit Fernhändlern aus Riga, Visby, Lübeck, Soest, Münster, Dortmund und Bremen abschloß: Er wurde „vor vielen Kaufleuten des Römischen Reiches" in Riga geschrieben und „durch das Siegel aller Kaufleute" bestätigt. Auch die Mitte des 13. Jahrhunderts niedergeschriebene Novgoroder Schra (Ordnung des St.-Peter-Hofs) nennt als ihre Verfasser „die Weisesten aus allen Städten des deutschen Landes".

Die Kaufleute selbst bezeichneten ihren Zusammenschluß als *universitas mercatorum Romani imperii Gotlandiam frequentantium* (die Gemeinschaft der Gotland besuchenden Kaufleute aus dem Römischen Reich) und gaben damit zu erkennen, daß ihre Genossen nicht durch ihre lokale oder regionale Herkunft, sondern durch die Zugehörigkeit zum Reich und durch den gemeinsamen Zielort, den zentralen Sammelpunkt des Osthandels, verbunden waren. Die *universitas* verfügte über Organe der Selbstverwaltung und (wohl schon 1229, s.o., spätestens aber seit der Mitte des 13. Jahrhunderts) über ein Siegel mit dem o.g. Text als Umschrift. In der wissenschaftlichen Literatur begegnet dieser Zusammenschluß unter der Bezeichnung „Gotländische Genossenschaft", einem wissenschaftlichen Kunstbegriff des 19. Jahrhunderts, der in den Quellen keine Entsprechung findet.

Auf Gotland schlossen sich deutsche und gutnische Kaufleute in einer weiteren Gemeinschaft zusammen, der *gilda communis*, auch *universitas mercatorum* genannt (D. Kattinger). 1191/92 sandte diese Kaufleutegemeinschaft einen Boten, den Gotländer Arbud (Herbord), zum Abschluß eines Handelsvertrags zu dem Fürsten von Novgorod, der diesen Zusammenschluß von Kaufleuten unterschiedlicher ethnischer Herkunft als Gemeinschaft anerkannte (wie später auch der englische König). Der Zusammenschluß zu einer *universitas* war die konsequente rechtliche Folge einer Handelspraxis, bei der gutnische Kaufleute ihre niederdeutschen Handelspartner von Gotland aus mit nach Novgorod nahmen, zunächst wohl auf gutnischen Schiffen, später dann im gemischten Flottenverband. Die Zusammenarbeit war für beide Seiten anscheinend derart erfolgreich, daß sie auch auf den Handel nach England ausgedehnt wurde. Diese mehr als 100jährige Gemeinschaft gutnischer und niederdeutscher Kaufleute war einer der wenigen tatsächlichen ‚internationalen' Züge der frühhansischen Geschichte.

Abgesehen von ihrer ethnischen Zusammensetzung müssen sich beide Gemeinschaften in ihrer inneren Rechtsform unterschieden haben. Als die niederdeutschen Kaufleute gemeinsam mit der Stadt und dem Bischof von Riga 1229 den oben genannten Vertrag von Smolensk abschlossen, waren gutnische Kaufleute, die ebenfalls im Dünagebiet handelten, nicht beteiligt. Der Bischof von Riga hatte die *gilda communis* sowohl in Riga als auch im Dünahandel verboten, vermutlich weil sie seine stadt- und landesherrlichen Rechte zu sehr eingeschränkt hätte.

Die Niederlassungen im Ausland

Im Ausland beschränkten die Könige und Fürsten sich darauf, den Kaufleuten Schutz vor Gefährdungen und vor Beeinträchtigungen von außen zu gewähren. Dabei mußte ein vernünftiges Verhältnis zwischen dem Sicherheitsbedürfnis der einheimischen Bevölkerung und den Interessen der Kaufleute gefunden werden, denn die Angst vor herumstreunenden Fremden war ein immer wieder begegnendes Thema in den frühmittelalterlichen Volksrechten. So schrieb ein Gesetz des angelsächsischen Königs Ælfred vom Ende des 9. Jahrhunderts vor, daß die neuen, am Zielort noch nicht bekannten Mitglieder einer Fahrtgemeinschaft durch den den Einheimischen bereits bekannten Ältermann (Leiter, Führer) der Gemeinschaft vor der Volksversammlung dem Königsvogt vorgestellt werden mußten (ein Verfahren, das im Kern unverändert für die hansischen Kaufleute bis zuletzt beibehalten wurde).

Die Fahrtgemeinschaften schlossen am Zielort ihrer Reise Handelsverträge bzw. nutzten bereits früher abgeschlossene. Das war in Novgorod und London der Fall, in Brügge und in Bergen, allerdings mit auffallenden Unterschieden. In Nordwestrußland herrschten archaische Verhältnisse. Hier war die große Fahrtgemeinschaft, gebildet aus gutnischen und niederdeutschen Kaufleuten verschiedenster Herkunft, die angemessene Organisationsform. In London herrschten dagegen zunächst die Hansen einzelner Städte vor, Kölner, Tieler, Dortmunder, später Lübecker, Hamburger usw., die sich in einem längeren Prozeß schließlich zu der Hanse der deutschen Kaufleute in der Gildhalle zusammenfanden. Auch nach Flandern zogen einzelstädtische Gilden, aber dort fanden die Heimatstädte der Kaufleute schnell zueinander und sandten bereits 1251/2 einen gemeinsamen Boten, später zwei, die für die Kaufleute aller Städte sprachen, zu Vertragsverhandlungen mit der Gräfin von Flandern. In Bergen schließlich dominierte eindeutig die Lübecker Hanse, ebenso wie auf Schonen. An beiden Orten (und anderswo auch) gewannen die Lübecker nicht nur für sich Privilegien, sondern auch für die wendischen Städte oder für den *gemenen kopman.*

Stellvertretend für alle Kontore sei der Ablauf in Novgorod beschrieben, wie ihn die älteste Niederschrift der Schra (Hofordnung) um die Mitte des 13. Jahrhundert wiedergibt: Sobald die Flotte die Newamündung erreicht hatte, wurde der dazu „am besten Geeignete, er sei, aus welcher Stadt er wolle", zum Ältermann des Hofes und der St. Peterkirche gewählt. Dieser ernannte anschließend einen Kaufmannsrat von vier Kaufleuten, die er wahrscheinlich aus den großen regionalen Teilverbänden wählte, um einen möglichst großen Rückhalt zu bekommen – beziehungsweise, verfassungsrechtlich gesehen, „um die Identität dieses Kaufmannsrates mit der des gemeinen Kaufmanns zu sichern" (E. Pitz; s. u.). Später scheint die Wahl immer auf je einen Kaufmann aus Visby, Lübeck, Soest und Dortmund gefallen zu sein, wie sich aus der Verwahrung der vier Schlüssel zur Geldkiste des Kontors ergibt, wenn diese den Winter über in Visby in der Marienkirche deponiert wurde.

Der Ältermann des Hofes hatte den Vorsitz im Gericht der anwesenden Kaufleute und vertrat diese gegenüber den russischen Machthabern. Gemäß dem deutschrechtlichen Verfah-

49

ren führte der Ältermann den Vorsitz im Gericht, das Urteil aber wurde von allen Gerichtsgenossen, in diesem Fall von den Genossen der Fahrtgemeinschaft, gefunden; der Ältermann selbst und sein Kaufmannsrat waren für die Durchsetzung verantwortlich. In diesen Gerichtsverhandlungen setzten die jeweils anwesenden Kaufleute die Normen des Hof- und Handelslebens in sog. Willküren (freie Vereinbarungen, die nach dem Prinzip des gemeinen Willens beschlossen wurden; s.u.). Diese Normen wurden verbindlich für alle, für die Anwesenden und die, die noch kommen sollten, sobald der Ältermann und der Kaufmannsrat sie in die Schra aufnahmen (die auf diese Weise bis zu ihrer vierten Fassung, die etwa zwischen 1355 und 1361 entstand, auf 119 Kapitel anwuchs).

Das ist nun ein entscheidender Punkt der frühhansischen Willensbildung. Denn „die Geltung der Willküren beruhte auf der von Rechts wegen postulierten Identität der Hofversammlung mit dem gemeinen deutschen Kaufmann schlechthin (...), der Identität nämlich einer wirklichen, sicht- und hörbaren, zu einer bestimmten Zeit an einem bestimmten Orte versammelten, willens- und handlungsfähigen Personengruppe mit einer lediglich intelligiblen und im Falle des gemeinen Kaufmanns sogar weitverstreuten Personenvielheit", die niemals in der Lage war, ins tatsächliche Rechtsleben hinüberzutreten, „und daher darauf angewiesen war, durch Identifikation mit jener Versammlung zur Rechtsfähigkeit zu gelangen" (E. Pitz).

Der Aufbau der Einung der niederdeutschen Kaufleute
Die Kaufleute der einzelstädtischen Gilden waren aber nicht nur über die Fahrtgemeinschaften und die Hofversammlungen identisch mit dem *gemenen kopman*, sondern als Partikularverband ihrer heimatlichen Stadtgemeinde auch mit dieser. Die entstehende Hanse setzte sich somit aus zahlreichen Partikularverbänden zusammen. Da waren zunächst die kaufmännischen Fahrtgemeinschaften, die am Ziel ihrer Handelsreise eine (neue?) Gemeinschaft bildeten, die in Form einer

freien Einung die Kaufmannschaften der am Handel an diesem Ort interessierten Städte und Regionen zusammenschloß. Am frühesten belegt ist dieser Zusammenschluß in Novgorod und in der Gildhalle in London. Diese Gemeinschaften an den Niederlassungen im Ausland, die später Kontore genannt werden sollten, bildeten den Kern der Hanse, da die von ihnen ausgehandelten Handelsverträge, die von den Kaufleuten als Privilegien betrachtet wurden, bis weit ins 16. Jahrhundert hinein die Handlungsgrundlage für den ganzen Verband bildeten. Aufgrund der doppelten Identität der einzelstädtischen Kaufleutegilden – zum einen mit ihrer Stadt(gemeinde), zum anderen mit dem *gemenen kopman* – entstand aus der Einung der einzelstädtischen Kaufleutegilden am auswärtigen Handelsort ganz von selbst auch eine Einung ihrer Heimatstädte (E. Pitz).

5. Faktoren der Veränderung

Den kaufmännischen Fahrtgemeinschaften lag eine bestimmte Form des Warenverkehrs und der wirtschaftlichen Organisation zugrunde. Als diese sich im Laufe des 13. Jahrhunderts änderte, änderten sich auch die Vergesellschaftungsformen der Kaufleute. Für die Geschichte der Hanse bedeutet dies, daß die grundlegenden Strukturmerkmale, aufgrund derer sich die Gemeinschaft der niederdeutschen Kaufleute herausgebildet hatte, sich bereits im 13. Jahrhundert zu ändern begannen, so daß sie mit einem im Grunde veralteten Organisationsmodell in die seit dem 14. Jahrhundert härter werdenden Verteilungskämpfe im europäischen Handelssystem eintreten mußte. Zu diesen Veränderungen gehörten das Ende der Fahrtgemeinschaften im Westen und zunehmend auch im Osten des Handelsgebiets, damit der Übergang vom Gruppen- zum Individualhandel sowie die Auflösung des periodischen Messesystems, das von den neuen Zentren des Handels, den großen Handelsstädten mit ihrem permanenten Markt, abgelöst wurde.

Die ‚kommerzielle Revolution'

Die zweite Hälfte des 13. und das frühe 14. Jahrhundert waren von der Befriedung der Verkehrswege, den Auswirkungen der kommerziellen Revolution samt den damit zusammenhängenden Veränderungen der Wirtschaftsstruktur und von dem Ende der hochmittelalterlichen Wachstumsphase von Wirtschaft und Bevölkerung geprägt.

Mit der Befriedung der Verkehrswege vom zweiten Drittel des 13. Jahrhunderts ab war die Sicherheit des Handelsverkehrs zunehmend gewährleistet. Dies war die äußere Vorbedingung für den Individualhandel und für die Entsendung von Waren durch Vertreter (*nuncii*) in ferne Länder. Sie war in langsamen und mühevollen Verhandlungen der Städte, vor allem Lübecks und Hamburgs, mit den politischen Gewalten der Zeit, den geistlichen und weltlichen Landesherren, von Flandern und England im Westen bis zur Narva und zum Wolchow im Osten geschaffen worden. Die Handelsweise richtete sich nach dem Grad der Befriedung des Landes: Während im Westen – am Rhein und in England – schon vor der Mitte des 13. Jahrhunderts Individualhändler und ihre bevollmächtigten Vertreter nachgewiesen werden können, zogen am Ende des Jahrhunderts in den polnischen und russischen Gebieten an Weichsel, Narva und Wolchow noch Karawanen von Kaufleuten nach alter Art und Weise auf Kauffahrt, teils zu Schiff, teils mit Wagen.

Diese (politische) Befriedung war eine wesentliche Voraussetzung für das Einsetzen der ‚kommerziellen Revolution' (R. de Roover, R. S. Lopez) auch im nördlichen Europa. Geprägt wurde der Begriff für die grundlegenden Veränderungen in der Handelsorganisation italienischer Kaufleute im 13. Jahrhundert. Die Fernkaufleute reisten nicht mehr selbst zu den Warenmessen, sondern leiteten ihre Handelsgeschäfte vom Kontor in ihrer Heimatstadt aus. In die Produktionsgebiete der von ihnen gewünschten Waren oder an zentrale Handelsplätze sandten sie Faktoren, die sich dort niederließen und vor Ort die Geschäfte im Auftrag ihres Seniors tätigten. Dieses System ermöglichte es dem Senior, an mehreren Orten gleichzeitig ‚präsent' zu sein, wodurch sich das Volumen seines Handels vergrößerte. Da dies mehr Kapital erforderte als vorher, wurden in Italien Waren- und Geldhandel verbunden und durch die Einführung von Kreditpapieren neue Dimensionen von Handelsgeschäften eröffnet, die die niederdeutschen Kaufleute dann auf den Messen der Champagne, seit Ende des 13. Jahrhunderts dann vor allem in Flandern kennen- und nutzen lernten. Im Zuge dieser Entwicklung wurden um 1200 die ersten Mehrfachpfennige (*grossi*, daraus wurde rund 150 Jahre später im deutschsprachigen Raum der Groschen) und 1251 die ersten Goldmünzen – in Florenz und Genua – geprägt.

Im hansischen Raum reduzierten sich im Zuge des West-Ost-Gefälles die Auswirkungen der ‚kommerziellen Revolution' auf die Führung der Geschäfte vom heimatlichen Kontor aus, wobei man hier nicht mit seßhaften Faktoren arbeitete, sondern einen Vertreter oder jüngere Handelspartner für jeweils eine Handelsreise beauftragte.

Ratsstandschaft der Fernkaufleute

Politische Folge der kommerziellen Revolution war die zahlenmäßig zunehmende Ratsstandschaft von Fernkaufleuten. Deren Anzahl im Rat war jedoch abhängig von der Wirtschaftsstruktur der jeweiligen Stadt. Als grobe Richtschnur kann gelten, daß die Städte an der See einen von Fernkaufleuten dominierten Rat hatten, während es in den Binnenstädten wegen der wirtschaftlichen Bedeutung der handwerklichen Gewerbe eine stärkere Beteiligung der Gewerke am Rat gab, wobei hinter manchem – quellenmäßig nur als solchem zu fassenden – Zunftgenossen in Wirklichkeit ein Kaufmann steckte. Die Beteiligung der Gewerke wurde in vielen Binnenstädten in den Verfassungskämpfen gegen Ende des 13. Jahrhunderts durchgesetzt (Erfurt 1283, Braunschweig 1292/94). In anderen Städten gelang es den Fernkaufleuten, die Vertreter der konkurrierenden Führungsgruppen aus dem Rat zu drängen: in Goslar den Niederadel, in Magdeburg die bischöfliche Ministerialität, in Hamburg die landbegüterten (niederadligen?) Familien und in Lübeck die mit diesen Gruppen standesgleichen Großgrundeigentümer. Die zeitliche Parallelität dieser ersten Phase der Verfassungsrevisionen in den Städten des Reichs zwischen 1256 und 1312 mit der Herausbildung des uns heute geläufigen spätmittelalterlichen Stadtbildes in Niederdeutschland ist bemerkenswert. Erst damals entstand das in den Grundstrukturen weitgehend normierte Stadtbild, „das keinen Wert auf eine beabsichtigte Individualität eines Gebäudes gegenüber anderen legte", ein auffälliger Unterschied zu der Vielzahl der Bautypen in der ersten Jahrhunderthälfte, die „die von den Städten importierten unterschiedlichen Sozialgruppen" spiegelten (F. Kaspar). Man gewinnt den Eindruck, als ob sich die einungsrechtliche Gemeindeverfassung mit ihrem Prinzip der Rechtsgleichheit damals die ihr entsprechende äußere Form gegeben habe.

Städte als Schutzmächte des gemenen kopmans
Mit dem Zusammenbruch des Kaisertums der Staufer in der Mitte des 13. Jahrhunderts übernahmen die Kaufleute und der Rat der Reichsstadt Lübeck (deren führende Mitglieder zum Teil dieselben Personen gewesen sein dürften) die diplomatische Initiative. Die norddeutschen Territorialfürsten waren zu schwach, so daß die Städte ihren Schutz und den ihrer Kaufleute in die eigenen Hände nehmen mußten. Ebenfalls um die Mitte des 13. Jahrhunderts begegnen – auffälligerweise meist im Zusammenhang mit Lübecker Gesandten – die Bezeichnungen *universitas, universitas mercatorum Romani imperii* häufiger. Sie stehen – nach Klaus Friedland – für ein vom Lübecker Rat forciertes Programm, städtische Repräsentanz und städtisches Recht für einen weit über die Grenzen des Stadtrechts hinausgehenden Personenkreis, eben die Gemeinschaft der niederdeutschen Kaufleute, geltend zu machen, und zwar unter doppelter Berufung auf das Reich mit den Begriffen *mercatores Romani imperii* einerseits und der *civitas imperii* Lübeck andererseits. Dieser Bezug auf das Reich war nötig, weil das Stadtrecht durch seine Begrenzung auf die Ein-

zelstadt zur Schaffung eines übergreifenden Handelsrechts nicht geeignet war.

Nachdem 1252/53 das Projekt gescheitert war, in der Nähe von Brügge eine niederdeutsche Kaufmannsstadt zu gründen, um die im Ostseeraum so erfolgreiche Politik der fernhändlerisch bestimmten Städtegründung nach Westen auszudehnen, scheint sich die Zielsetzung der Lübecker Politik geändert zu haben. Möglicherweise hatte man aus der Erfahrung in Flandern wie auch aus dem 1242 gescheiterten Projekt, mit dem Deutschen Orden zusammen in Samland an der Pregelmündung eine Stadt nach rigischem Recht (und d. h. weitgehend nach Kaufmannsrecht) zu gründen, den Schluß gezogen, daß Städtegründungen nach allgemeinem Kaufmannsrecht in herrschaftlich gut organisierten Territorien, die nicht zum Reich gehörten, nicht durchsetzbar seien. Möglich auch, daß der eigentliche Grund der endgültige Zusammenbruch des staufischen Kaisertums war. Seit der zweiten Jahrhunderthälfte jedenfalls versuchte Lübeck nicht mehr, das Recht des *gemenen kopmans* durchzusetzen und Privilegien für ihn zu gewinnen. Der Rat der Stadt betrieb nun Hegemonialpolitik zur Durchsetzung des lübischen Rechts als Kaufmannsrecht (K. Friedland). Unter dem großen Mantel des Einungsrechts wurde, wie nicht anders zu erwarten und wie noch weiter auszuführen sein wird, konsequente Machtpolitik betrieben. Der Vergleich, den Peter Moraw zwischen der Organisation der Vereinten Nationen und der Hanse zog, trägt daher mehr als ein Körnchen Wahrheit in sich.

Die überregionalen, auch Fürsten außerhalb des Reichsverbandes einschließenden Versuche der Befriedung der Handelswege wurden im Reich durch zahlreiche vorwiegend zwischenstädtische Verträge unterfangen, die darauf zielten, gemeinstädtisches Recht zu schaffen oder durch – zumindest zwischenstädtische, wenn möglich aber auch adlige Herrschaftsträger einbeziehende – Verträge im unsicheren Raum für den Kaufmann Schutz zu schaffen. Beide Ansätze, die Schaffung eines übergreifenden Handelsrechts durch Fortbildung des alten Kaufmannsrechtes und der Schutz des Kauf-

manns, der dieses in Anspruch nahm, sind unauflösbar miteinander verbunden. Von daher erklärt sich die zeitgleiche
Entwicklung der großen frühhansischen Handelsprivilegien
durch Gruppen von Kaufleuten und die Bildung der zweiseitigen Einungen (Lübeck-Hamburg, Münster-Osnabrück) sowie regionalen Gruppen in Nordelbien und Westfalen (Städtebund von Ladbergen 1246 und von Werne 1253).

Lübeck contra Visby

Die wendischen Städte taten sich aus Konkurrenzgründen dagegen schwer zusammenzufinden. Erst 1260 schlossen Lübeck, Wismar und Rostock ein Abkommen zur Sicherung der
Schiffahrt, das 1264 erweitert wurde, u.a. mit dem Beschluß,
jährlich über gemeinsame Anliegen zu beraten. Stralsund, das
noch 1249 wohl wegen der Konkurrenz um die Heringsfang-
gründe vor Rügen von Lübeck belagert und teilweise zerstört
worden war, und Greifswald fanden erst 1283 im Rahmen
des großen Rostocker Land- und Seefriedensbündnisses zu
dieser Städtegruppe.

Diese zunächst regionalen, von wendischen Städten abge-
schlossenen gegenseitigen Vereinbarungen waren Wegmarken
der neuen Politik im Ostseeraum, wobei der neue Stil besonders 1260 zum Ausdruck kam, als in einem „unerhörten
Rechtsakt ... die allgemeine Friedlosigkeit der See- und Stra-
ßenräuber ... konstatiert“ wurde, wo doch „nach uraltem
und immer noch geltendem Recht eine Friedloslegung nur
nach begangener Tat und im konkreten Fall erfolgen konnte,
wobei grundsätzlich der friedlos Gelegte auch mit Namen
ausgerufen werden mußte“ (W. Ebel). 1280 war der regionale
Rahmen verlassen, als Lübeck und die deutsche Stadtgemeinde von Visby ein Bündnis schlossen, dem 1282 Riga beitrat;
die Städte verpflichteten sich darin auf den Schutz des Handelsverkehrs „zwischen dem Öresund und Novgorod bzw. auf
der ganzen Ostsee und in deren Häfen“. Drei Jahre später
wurde das Bündnis zum Rostocker Land- und Seefrieden er-
weitert, der eine neue Stufe des Umgangs von Fürsten und
Städten miteinander einläutete.

Innerhalb des Verbandes der *gemenen stede* stritten Visby und Lübeck um die Vormachtstellung. Visby mit dem Recht des *gemenen kopmans* (*ius illud, quod [...] a mercatoribus in Godlandia observatur;* jenes Recht, das von den Kaufleuten auf Gotland angewandt wird) und als Sitz des gemeinen Kaufmanns, Lübeck mit seinem Ziel, das eigene Recht als verbindlich zumindest im Ostseeraum durchzusetzen. Am Ende des 13. Jahrhunderts schaltete der Lübecker Rat die Konkurrenz Visbys um den Vorrang in der Einung der gemeinen Städte im Ostseeraum aus, indem er den Oberhof (= Berufungsinstanz) für die Novgorodfahrer von Visby nach Lübeck verlegen (1293–95) und das Siegel der gemeinen Kaufleute auf Gotland aufheben ließ (1298).

In einem Verfahren, das bereits die typischen Merkmale der Beschlußfassung nach der später dichteren schriftlichen Überlieferung zeigt (s. u.), wurden die am Novgorodhandel interessierten Städte aufgefordert, ihre Zustimmung zur Verlegung des Rechtszuges vom Novgoroder Handelshof von Visby nach Lübeck zu geben; begründet wurde dies mit der Wiederherstellung des alten Rechts. Nur wenige Städte – von Riga und Osnabrück ist es überliefert – versagten diesem Vorgehen der Lübecker ihre Zustimmung – mit der aufschlußreichen Begründung, am Novgoroder Hof habe nie das Lübecker Recht gegolten (man muß ergänzen: sondern das des gemeinen Kaufmanns, *quod [...] a mercatoribus in Godlandia observatur,* s. o.).

Beim Verbot des Siegels des gemeinen Kaufmanns tritt die gegen Visby gerichtete Zielsetzung noch deutlicher hervor. Zwar wird die Stadt nicht direkt genannt, aber der Beschluß besagte, daß auf Gotland künftig nicht mehr mit dem Siegel der gemeinen Kaufleute gesiegelt werden solle, da dies anderen Städten auch nicht möglich sei und außerdem jede Stadt ihr eigenes Siegel habe, mit dem sie die Angelegenheiten ihrer Kaufleute besiegeln könne. Diese Zurückführung des zentralen juristischen Beglaubigungsmittels auf die einzelne Stadt entspricht dem einungsrechtlichen Aufbau des Verbundes der Städte, die nicht zulassen konnten, daß in ihrer aller Namen etwas besiegelt würde, worüber vorher kein gemeinsamer Wille hergestellt worden war.

Die Veränderungen der Wirtschaftsstruktur

Die politische ‚Entmachtung' Visbys war eingebunden in grundsätzliche Veränderungen in der europäischen Wirtschaftslandschaft. Die zunehmende Befriedung der Handelswege und Territorien hatte mit einem zeitlichen West-Ost-Gefälle zum Ende des Handels in Fahrtgemeinschaften beigetragen. Infolgedessen löste sich auch das mit diesem eng verbundene Messesystem seit Ende des 13. Jahrhunderts auf. Im nordwestlichen Europa ging die Bedeutung der Messen der Champagne ebenso zurück wie die der englischen Messen. Städte übernahmen die Funktion als Zentralmärkte: In Flandern wurde der seegestützte Fernhandel auf Brügge konzentriert, und in England stieg Londons Bedeutung im Verhältnis zu den Häfen an der Ostküste. Vielerorts ist die Zurückdrängung des Gästehandels zugunsten der Handelsmöglichkeiten der eigenen städtischen Kaufleute zu beobachten, wie z. B. in Preußen, wo die Städte und der Deutsche Orden das polnische Hinterland gegenüber nicht einheimischen Kaufleuten abriegelten und damit einen Zwangsstapel einrichteten.

Im westlichen Teil des Verkehrssystems wurde diese Umformung durch politische Vorgänge und durch die Verbesserung des Wegenetzes verstärkt. Militärische Auseinandersetzungen zwischen den Partikulargewalten und der Zentralgewalt in Frankreich machten die Rhône-Saône-Route unsicher, so daß die Süd-Nord-Verkehrsachse auf den Rheinweg verlagert wurde (was ebenfalls zum Niedergang der Champagne-Messen beitrug). Neben den politischen Unruhen in Frankreich spielte dabei die Öffnung des Brennerpasses um 1300 für Fuhrwerke eine wichtige Rolle, da nun Oberitalien und Oberdeutschland über die östlichen Alpenpässe wirtschaftlich eng verbunden wurden. Einen weiteren Impuls erhielt die Verlagerung der Handelswege durch die Entdeckung der Goldvorkommen in Ungarn. Sie verschoben die europäischen Handelsströme vollends, da ungefähr gleichzeitig wegen der

Unterbrechung der Trans-Sahara-Route durch die Invasion der Tuareg die europäische Goldversorgung aus Afrika unterbrochen worden war. Deshalb wandten sich die italienischen Kaufleute definitiv vom Handel über das Rhônetal ab und dem Ungarnhandel zu, an dem, bevorteilt durch ihre räumliche Nähe, auch Regensburger und Nürnberger Kaufleute teilnahmen, die dort Tuch, Leinwand und Barchent (ein Mischgewebe aus Baumwolle und Wolle) gegen Gold verkauften. Die engen oberdeutsch-oberitalienischen Handelsbeziehungen schufen ein Handelssystem in dessen Mitte die Frankfurter Messen standen. Bereits im 14. Jahrhundert drangen oberdeutsche Kaufleute, besonders Nürnberger, in den hansischen Handelsraum vor, im 15. Jahrhundert wurden sie dann zu einer ernsthaften Konkurrenz, als der hansische Stapel in Brügge zugunsten Antwerpens an Bedeutung verlor.

Im gleichen Zeitraum, als der italienische Landhandel sich vom Rhônetal nach Oberdeutschland und ins Rheintal verlagerte, nahmen die italienischen Seestädte Venedig und Genua den direkten Seeverkehr mit Brügge und England (vor allem nach Southampton) auf. In regelmäßigen Galeerenfahrten, die sich erst seit der Entdeckung der italienischen Alaunvorkommen rentierten – das Beizmittel Alaun benötigten die Tuchindustrien in Flandern, Brabant und England in großen Mengen –, brachten sie ihre Waren nach Norden und verhalfen auch dadurch (doppelte Umgehung der Champagne-Messen) Brügge zum Aufstieg zum zentralen Handelsplatz in Europa nördlich der Alpen.

Im Ostseegebiet hatten sich ebenfalls in der zweiten Hälfte des 13. Jahrhunderts die Seehandelsbedingungen zuungunsten Visbys gewandelt. Die Schiffe auf dem Weg nach Rußland und Livland waren nicht mehr darauf angewiesen, die gotländische Hafenstadt anzulaufen. Die größeren Schiffe erlaubten die Querung des offenen Meeres, und selbst diejenigen, die den alten Kurs – an Öland vorbei und um die Nordspitze Gotlands nach Osten – beibehielten, liefen Visby nicht länger an. Die Stadt verlor ihre Rolle als zentraler Umschlagplatz, und in dem neuen, durch abgegrenzte Einflußgebiete gekennzeichneten städtischen Wirtschaftssystem fehlte ihr das Hinterland, das Riga z. B. mit dem Dünagebiet hatte, um Güter in den Handel einbringen zu können. Der Rußlandhandel wurde jetzt zunehmend von den Städten kontrolliert, die die (neuen) Zugangswege beherrschten: Reval, Dorpat und Riga.

Gewinner des neuen Systems waren zunächst Lübeck und die wendischen Städte. Während sie im Zeitalter des Handels der Fahrtgemeinschaften hauptsächlich Umschlagplätze für den Transithandel durchreisender Kaufleute waren, entwickelten sie sich nun zu Stapelplätzen des Ost-West-Handels und bekamen dadurch eine zentrale Vermittlerfunktion. Das läßt sich u. a. an der enormen Ausweitung der Speicherkapazitäten in diesen Städten im 13. Jahrhundert erkennen. In dieser Vermittlerfunktion im Überlandhandel, in ihrer zentralen Rolle bei der Versorgung eines großen Raumes mit dem Grundnahrungsmittel Hering und in der wohl in der zweiten Hälfte des Jahrhunderts einsetzenden Funktion als Verschiffungshäfen für den direkten Seetransport von Ostseewaren nach Westen (und vice versa) liegt der Schlüssel für ihre zentrale Bedeutung in der hansischen Organisation. Die ‚Seßhaftwerdung des Fernkaufmanns‘ führte langfristig auch zu der Konzentration des Handels auf nur wenige handelswirtschaftliche Vororte, die die breite Streuung nahezu gleichwertig am Fernhandel beteiligter Städte, wie sie für das 12. und 13. Jahrhundert zu beobachten ist, im Laufe des 14. Jahrhunderts und dann endgültig im 15. Jahrhundert aufhob.

Gegen Ende des 13. Jahrhunderts lief die hochmittelalterliche Hochkonjunktur aus. Die Bevölkerungszahl stagnierte. Die Hungersnöte 1315–17, die von Frankreich bis zum Baltikum wüteten, scheinen jedoch langfristig keine Auswirkungen auf die Bevölkerungsgröße gehabt zu haben. Erst die extremen Verluste während der drei ersten Pestepidemien zwischen 1349 und 1370 – ein Drittel bis zur Hälfte der europäischen Bevölkerung soll damals ums Leben gekommen sein – führten zu gravierenden Einschnitten in die europäische Wirtschaftsstruktur, zur sog. ‚spätmittelalterlichen Agrarkrise‘. Diese Entwicklung mußte Folgen für den frühhansischen Fernhandel haben – vor allem Einbrüche im Handel mit Massengütern –, die im einzelnen jedoch nicht bekannt sind.

6. Die Einung der Kaufleute und Städte im 14. Jahrhundert

Die Herausbildung der Kontorgemeinschaften
An der Wende vom 13. zum 14. Jahrhundert gab es in den Zielländern des hansischen Handels zahlreiche Gruppen niederdeutscher Kaufleute, meist in Form einzelstädtischer Gilden. Feste, d.h. dauerhafte Niederlassungen gab es – mit der Ausnahme der *gildhalla* in London – noch nicht. Entweder war der Aufenthalt noch zeitlich befristet wie in Novgorod, wo es ‚Sommersitzer‘ und ‚Wintersitzer‘ gab, die für ca. vier bzw. sechs Monate den Hof nutzten, oder die niederdeutschen Kaufleute hatten noch keine Versammlungsfreiheit wie in Flandern und Norwegen. Von den ‚Regierungen‘ der Gastländer wurden die einzelnen Gruppen bisweilen zusammenfassend als Einheit der Kaufleute aus dem Reich bezeichnet, was einerseits ihrem de iure überholten Status als königliche Kaufleute entsprochen hatte und andererseits auch ihrer verfassungsrechtlichen Organisationsform als freier Einung von zahlreichen Partikularverbänden entsprach.

Gemeinsame Privilegien für alle niederdeutschen Kaufleute vor Ort gab es – in nur einer Ausfertigung für alle Beteiligten – allein in Novgorod (wo auch die gutnischen Kaufleute eingeschlossen waren) und – in mehreren Ausfertigungen an verschiedene Empfänger – in Flandern. Die oft zitierten „hansischen" Privilegien in England bis zum Ende des Jahrhunderts bezogen sich nur auf die Kaufleute der *gildhalla* in London, neben denen einzelstädtische, immer wieder erneuerte Privilegien weiterbestanden. Einzelstädtische Privilegien waren auch die Regel in den skandinavischen Reichen und an der Südküste der Ostsee. Sie dürfen jedoch nicht von vornherein als Zeichen mangelnden Zusammengehörigkeitsbewußtseins gewertet werden, da die einzelstädtische Privilegierung „eine zusätzliche Absicherung" des begünstigten Partikularverbandes, „aber keine Ausdifferenzierung aus der Gemeinschaft der Städte“ bedeutete (D. Seifert).

Ein Einfluß Lübecks am Peterhof in Novgorod, wohin die Kaufleute nach wie vor in Fahrtgemeinschaften fuhren, war durch den Rechtszug nach der Travestadt gegeben – zumindest auf dem Pergament (tatsächlich ist kein einziger Fall eines Rechtszuges vom St.-Peter-Hof überliefert). In Bergen erreichten die Lübecker, daß ihr lübisches Recht in der entstehenden Gemeinschaft der deutschen Kaufleute galt. Das gleiche traf in Schonen zu, wo den Ostseestädten in ihren Privilegien das Recht der Lübecker zugebilligt wurde. War der Ostseeraum in dieser Hinsicht eine von Lübeck dominierte Region, so wuchs im Westen am Beginn des 14. Jahrhunderts die Eigenständigkeit der Niederlassungen. In Brügge und Flandern erlangten die niederdeutschen Kaufleute in dem ersten gemeinsamen Privileg 1309 u.a. die Versammlungsfreiheit, was ihrem gemeinsamen Auftreten mehr Durchschlagskraft verlieh. Allerdings hatte die erheblich differenziertere und fester herausgebildete Rechtslandschaft im Westen die Entwicklung eines allgemeinen Kaufmannsrechts, wie es im „Wilden Osten“ entstanden war, verhindert. Demzufolge regelten die Kaufleute ihre Streitigkeiten auch nach dem Recht ihrer jeweiligen Heimatstadt, so daß der lübeckische Einfluß schon aus diesem Grund nicht so stark sein konnte wie in der Ostseeregion.

Es ist ein Anzeichen fortschreitender Institutionalisierung, daß in der ersten Hälfte des 14. Jahrhunderts auch in den Auslandsniederlassungen in Brügge und Bergen feste Kontorgemeinschaften entstanden und der Begriff *dudesche hense* 1358 von den gemeinen Städten als Selbstbezeichnung verwendet wurde. Novgorod hatte, wenn auch für die einzelnen Fahrtgemeinschaften jeweils zeitlich befristet, bereits seit der Wende vom 12. zum 13. Jahrhundert den Kaufleuten das Versammlungsrecht zugestanden; auch war der Ältermann dort befugt, die hohe Gerichtsbarkeit auszuüben, die in den übrigen Niederlassungen jeweils einem Gericht des Gastlandes zustand. Eine Sonderregelung kannte auch der Stalhof in London, an dem es bis ins späte 15. Jahrhundert zwei Ältermänner gab; einen englischen, der Mitglied des Stadtrats war, und einen ‚kontorinternen‘, den die Stalhofkaufleute wählten. Die Abschaffung des englischen Ältermanns war Teil der englischen Aktionen gegen die Hansekaufleute, da dadurch die traditionell enge Verbindung des Kontors zu den Behörden der Stadt und des Königreichs verlorenging. Das Versammlungsrecht der Deutschen in Bergen ist durch eine Privilegienbestätigung des Königs i.J. 1343 gesichert, in Brügge bekamen es die niederdeutschen Kaufleute 1309 verliehen. Das Kontor, das als einziges der vier großen zunächst kein eigenes Gebäude hatte (die Kaufleute versammelten sich im Refektorium des Karmeliter-Klosters), gab sich 1347 eine Ordnung, derentwegen es 1356 zur Intervention von Ratssendeboten der *gemenen stede* kam. Das vorbereitende Treffen der Ratssendeboten in Lübeck gilt als erster Hansetag, steht aber in Konkurrenz zu der Versammlung des Jahres 1358. An der herkömmlichen Bewertung dieses Vorgangs als Unterordnung des Kontors unter die Städte sind neuerdings Zweifel aufgetreten. In der 1356 bestätigten Ordnung ist – zum erstenmal schriftlich – eine Einteilung in regionale Drittel überliefert, die später auch für die Gliederung der Hansestädte herangezogen wurde. Möglicherweise geht die Einteilung in ein wendisch-sächsisches, ein westfälisch-preußisches und ein gotländisch-livländisch-schwedisches Drittel auf Probleme bei der Bildung eines gemeinsamen Willens der Kaufleute zurück. Zweifellos bestand, wenn nur wenige Kaufleute anwesend waren, die Gefahr, daß Entscheidungen in eine Richtung gelenkt wurden, die nur einem Partikularverband zugute kamen, den anderen aber schadeten. Mit der neuen Regelung, die zwei Älterleute und sechs Mitglieder des Achtzehnmännerrats pro Drittel vorschrieb, war eine 24köpfige Besetzung des Kaufmannsrats erreicht und damit die Gewähr, daß die großen Partikularverbände bei jeder Entscheidung adäquat vertreten waren, die Bildung eines gemeinen Willens also möglich wurde (E. Pitz).

Die Kontore besaßen alle ein Siegel, hatten ihr eigenes Gericht und ihre eigene Kasse. Die strenge Reglementierung des

Zusammenlebens, die noch aus den Zeiten der Fahrtgemein-schaften stammte, führte jedoch seit dem späten 15. Jahrhun-dert im Zusammenhang mit tiefgreifenden Veränderungen im Handelsbetrieb dazu, daß viele Kaufleute versuchten, dem Zwang der Kontore zu entgehen. Auf der anderen Seite bot die strenge Überwachung wohl die beste Möglichkeit, die Ein-haltung der aus den Handelsverträgen resultierenden Pflichten der Kaufleute zu kontrollieren, um den Behörden der Gast-länder keine Argumente gegen die Hanse in die Hände zu spielen.

Der Konflikt mit Flandern
und die Erschaffung der dudeschen hense

In den ersten Jahrzehnten des 14. Jahrhunderts scheint sich, hervorgerufen durch den ökonomischen Druck der veränder-ten Rahmenbedingungen, das Bewußtsein gemeinsamer Inter-essen im Außenhandel verstärkt zu haben. 1343 erhielten die wendischen Städte und alle Kaufleute der deutschen Hanse ein Privileg des norwegischen Königs, und 1365 galt in einer Urkunde König Waldemars von Dänemark der ausgehandelte Friede allen (genannten) Städten, die am Konflikt beteiligt waren, *unde al den ghennen de mit en in ereme rechte sin, dat de dudesche hense geheten is.* Man trennte also deutlich einen kleineren Kreis von Städten, die den Krieg geführt hat-ten, von einem größeren, dessen gemeinsames Recht als „Deutsche Hanse“ bezeichnet wurde.

Der Anlaß für die festere Organisationsform der Hanse dürfte die Blockade Flanderns 1358–60 gewesen sein (Th. Behrmann). Die Beratung und Beschlußfassung folgten den seit mehr als einem halben Jahrhundert bekannten Formen, indem die wendischen Städte, deren Kreis diesmal durch Rats-sendeboten von Goslar, Braunschweig, Elbing und Thorn er-weitert worden war, ihre Beschlüsse an die übrigen Städte sandten. Der Rezeß (das Beschlußprotokoll) dieser Tagfahrt wurde dem Lübecker Ratsherrn Bernd Oldenborch zugesandt, der sich als Gesandter der Städte zu Verhandlungen in Flan-dern aufhielt. In Rezeß und Brief findet sich zum ersten Mal die voll entwickelte Hanseterminologie: Es ist die Rede von den *steden van der dudeschen hense*, in fast jedem Artikel des Rezesses findet sich der Begriff ‚Hanse‘. Zwar kam auch vorher der Terminus *dudesche hense* bisweilen vor, aber nur sehr vereinzelt und in der Regel als Fremdbezeichnung (so vom englischen und vom norwegischen König), ansonsten waren, entsprechend der Organisationsform des 13. Jahrhunderts, die *mercatores imperii*, der *gemene kopman* oder später die *civitates maritimae* (die Seestädte) die Verhandlungspartner.

Man muß sich das Einmalige der Situation des Jahres 1358 vor Augen halten und nicht voreingenommen sein durch das erst uns bekannte Ergebnis. Die Ratsherren der am Handel mit Flandern interessierten Städte beschlossen ein totales Handelsembargo zu Lande und zu Wasser gegen Flandern, die wirtschaftlich mächtigste Region Europas nördlich der Alpen. Die Aktion richtete sich gegen die gesamte Grafschaft einschließlich des Landesherrn. Um das Embargo durchsetzen zu können, brauchte man eine breite Beteiligung der Städte, aber auch einen Begriff, der die geballte Kraft der zusammengeschlossenen Städte zum Ausdruck brachte. Diesen fand man im Begriff der *dudeschen hense*, der jetzt als Eigenbezeichnung und als Schlagwort, als politisch-propagandistisches Zeichen eingesetzt wurde (Th. Behrmann). Die politisch-propagandistische Wirkung richtete sich sowohl nach innen, zur Erzeugung eines Gruppendrucks, als auch nach außen, um den flandrischen Städten und den flandrischen Grafen die Geschlossenheit der gegnerischen Front deutlich zu machen.

Im zwischenstaatlichen Verkehr war dieser Begriff ein Novum. Die Beglaubigungsschreiben der flandrischen Gesandtschaft des Jahres 1359, die zu Verhandlungen nach Lübeck kam, zeigen, daß man im Westen nicht wußte, an wen man sich eigentlich wenden sollte. Da ist die Rede von einer *congregacio generalis mercatorum parcium Almannie* (Generalversammlung der Kaufleute ...), den *ambassatoribus mercatorum civitatum et villarum parcium Almannie* (Gesandten der Kaufleute ...), aber 1360 dann schon von *den menen steden des kopmannes van der Dudeschen hense*. Das alles verschlei-

ert nur den Sachverhalt, daß westeuropäische verfassungsrechtliche Denkweisen die *dudesche hense* als eine autonom
handelnde Einung von Städten, die alle de iure der Herrschaft
von Stadtherren unterstanden, die in dieser *hense* aber nichts
zu sagen hatten, nicht einordnen konnten.

Aus dem Kontext, in dem die *dudesche hense* als Begriff
entstand, und aus der diplomatischen und politischen Form,
in der die Blockade gegen Flandern geplant und durchgeführt
wurde, folgt aber auch, daß die Hanse im Jahre 1358 nicht
gegründet wurde. Vielmehr wählte die seit langem existieren-
de Einung der gemeinen Städte aus aktuellem Anlaß einen
gemeinsamen Namen, um nach außen und innen ihre (sehr
zerbrechliche) Geschlossenheit zu betonen. Die Stimmigkeit
dieses Ansatzes hat Behrmann selbst noch untermauert, indem
er die Termini untersuchte, mit denen hansische Kaufleute
und die Städte im Ausland bezeichnet wurden, und zwar in
Fällen, in denen die 1358 erstmals so betonte Geschlossenheit
nicht im Mittelpunkt stand. Im westlichen Europa, in England, Flandern, Burgund und dem westniederländischen
Raum, wurden die hansischen Kaufleute *esterlinges, oosterlin-
ges, sterlingi, Ostelins, Austrelins* u.ä. genannt, d.h. Kaufleute, die aus dem Osten kamen – ein Raum, der bereits in Ost-
friesland beginnen konnte. In den nordischen Ländern hießen
sie dagegen – dem gebräuchlichen Gildebegriff folgend –
hensebrodere. Im Gegensatz dazu waren die Bezeichnungen
Hansa, citees of the Hansze, Hansia Almanie u.ä. fast ausschließlich auf die diplomatisch-politische Ebene beschränkt.
Mit den beiden unterschiedlichen Bezeichnungen faßt man –
besonders im England des 15. Jahrhunderts – den mündlichen
(*esterlinges*) und den schriftlichen (*Hansa, mercatores Ale-
mannie*) Sprachgebrauch.

Die wenigen Selbstbezeichnungen der niederdeutschen Kauf-
leute im Ausland, die überliefert sind, weisen in die gleiche
Richtung. Von Bedeutung waren die Familie, die Stadt, deren
Bürger man war, und die lokale Kaufmannsgenossenschaft
im Ausland, wo man sich aufhielt (in Brügge, Bergen, Sluis oder
Lynn), aber nicht die abstrakte, unsichtbare Institution Han-

se. Diese wurde von den politischen Vertretern der nieder-deutschen Kaufleute, den Älterleuten der Kontore, immer dann ins Spiel gebracht, wenn es galt, die Geschlossenheit der Kaufleute zu betonen und dem Herrscher den Wunsch auszu-reden, über die Hansezugehörigkeit anreisender und den Ge-nuß der Privilegien beanspruchender Kaufleute mitzubestim-men. Die Städte selbst scheinen sich in ihren Schreiben (fast) nie als Hansestadt bezeichnet zu haben – selbst Lübeck, die *hovetstede der hanze*, nur in Ausnahmefällen – und auch der Plural *hensestede* wird nur für die Gesamtheit der hansischen Städtegruppe verwendet, nicht aber, um die einzelne Stadt zu charakterisieren. Erst um die Wende zum 15. Jahrhundert gewinnt die Hanse in der Selbstdarstellung der hansischen Städte Gestalt. Auch die Lübecker Ratschronik spricht bis ins letzte Viertel des Jahrhunderts nicht von der Hanse, sondern nur von den *menen steden* oder den *steden bi der zee*.

Dieser Sachverhalt unterstreicht die oben für das 13. Jahr-hundert betonte Bedeutung der regionalen Sonderung als grundlegendes Prinzip der hansischen Organisation. Der ge-schlossene Bund mit seiner von oben nach unten hierarchisch durchgegliederten Organisation von allgemeinem Hansetag und hansischen Regionaltagen, gegliedert nach hansischen Dritteln und auch Vierteln, von Vororten, Hansestädten, han-sischen Städten und Beistädten war eine Fiktion des 19. Jahr-hunderts. Die Wirklichkeit der hansischen Verfassung war komplizierter und einfacher zugleich. Ihr wollen wir uns jetzt zuwenden in der überzeugenden Interpretation, die Ernst Pitz soeben vorgelegt hat.

III. Wie war die Hanse organisiert?

1. Die Verfassung der Hanse

Von den Fahrtgemeinschaften
zu den Versammlungen der Ratssendeboten

Der für die Einung der Kaufleute verfassungsrechtlich folgen-
reichste Einschnitt war der Ausfall der königlichen Schutzherrschaft seit Mitte des 13. Jahrhunderts. Seit diesem Zeitpunkt war der *gemene kopman* kein herrschaftlicher Verband
mehr, dessen Älterleute sich auf die königliche Autorität berufen konnten. Die Älterleute des *gemenen kopmans* in den
Auslandsniederlassungen konnten sich danach nur noch auf
die Befugnisse stützen, die ihnen ihre Genossen durch die Kore (= Wahl) und im Anschluß an sie verliehen.

Mit der Seßhaftwerdung des Kaufmanns und dem Eintritt
der (sozial) führenden Genossen der kaufmännischen Einungen in die Ratsstandschaft ihrer Heimatstädte kamen in den
Auslandsniederlassungen nicht mehr die Worthalter der Fernhändler zusammen, sondern die weniger bedeutenden Kaufleute – und zunehmend auch Kaufmannsdiener (*servientes*)
und Kaufmannsgesellen (*socii*), die man seit der zweiten Hälfte des 13. Jahrhunderts in die Privilegien mit einbeziehen ließ.
Deswegen mußte ein neuer Weg gefunden werden, um die Beschlußfassung in Angelegenheiten des *gemenen kopmans* weiterhin an die worthaltenden Genossen zu binden. Nachdem
bereits seit den 1230er Jahren einzelne Städte Verträge zugunsten des *gemenen kopmans* abgeschlossen hatten, begegnen
seit der zweiten Hälfte des Jahrhunderts vertragliche Vereinbarungen zwischen zwei und mehreren Städten, die Angelegenheiten der niederdeutschen Kaufleute betrafen, in der Regel – da dies mit dem Ende des Königsschutzes für die deutschen Kaufleute einsetzte – die Übernahme dieses Schutzes
durch die Städte. Das erste schriftlich überlieferte *arbitrium*,
wie man die später als Rezeß (= Abschied) bezeichneten Beschlüsse nannte, wurde 1264 von Ratsherren der Städte Lübeck, Wismar und Rostock in Wismar für diejenigen Kaufleu-

te, die nach lübischem Recht lebten, auf ein Jahr vereinbart: Schutzvorkehrungen gegen Seeraub, Verhaltensrichtlinien für die Kaufleute, privatrechtliche Regelungen für die Bürger.

Das war das Grundprinzip der neuen Zeit. Ratssendeboten (wie man sie später nannte) aus Städten, die von einer Angelegenheit besonders betroffen waren, trafen sich zur Beratung und stellten über diese Angelegenheit einen gemeinsamen Willen her. Wenn sich diese Gruppe von Städten dazu berufen sah, für einen größeren Kreis zu handeln (nicht, wie im genannten Beispiel, nur für die eigenen Bürger), mußte sie die Zustimmung der von dieser Regelung betroffenen Städte einholen. Das geschah zunehmend auch auf schriftlichem Weg, wie es 1293 bei der Verlegung des Oberhofs für das Kaufmannsgericht des Novgoroder St.-Peter-Hofs nach Lübeck überliefert ist. Damals hatten Abgesandte aus fünf wendischen und aus nicht namentlich genannten sächsischen Städten für den *mercator communis,* den *gemenen kopman,* diesen Beschluß gefaßt. Rostock und Wismar verschickten die schriftliche Fassung des Beschlusses mit der Bitte um Zustimmung an die am Novgorod-Handel teilnehmenden Städte. 24 zustimmende Antwortschreiben von Köln bis Reval sind überliefert, Osnabrück, Riga und Visby verweigerten die Zustimmung. Daß auch Wismar, Rostock und Stralsund ihre Zustimmung schriftlich erteilten, obgleich ihre Ratssendeboten den Beschluß mit gefaßt hatten, legt nahe, daß die Bürgerschaften dieser Städte zustimmen mußten. Wir werden gleich darauf zurückkommen.

Wie ein solches Treffen der Ratssendeboten vorbereitet wurde, zeigt ein Einladungsschreiben Lübecks an Osnabrück aus dem Jahre 1305, das bereits die drei Aussagen enthielt, die sich seit dem späten 14. Jahrhundert immer in diesen Schreiben finden: 1. die Bezeichnung der Angelegenheit(en), über die auf der Tagfahrt zu entscheiden war; 2. die Angabe des Termins für diese Tagfahrt und 3. die Aufforderung, dazu vollmächtige Boten zu entsenden.

Die Städte mußten also die anliegenden Tagesordnungspunkte des gemeinen Kaufmanns in den Einladungsschreiben genannt bekommen, um sich darüber beraten und nach ihrer Beschlußfassung vollmächtige Sendeboten zur Tagfahrt in den Rat der gemeinen Städte entsenden zu können.

Die hansisch-niederdeutsche Stadtverfassung

Um das Prinzip der Vollmächtigkeit zu verstehen, bedarf es einer kurzen Erläuterung der hansisch-niederdeutschen Stadtverfassung, wie Ernst Pitz sie aus den Quellen heraus rekonstruiert hat. Der wichtigste Befund seiner neuen Sichtweise lautet, daß das Verhältnis von Rat und Bürgerschaft auf der Rechtsfigur der Identität beruhte und – darauf aufbauend – daß der Rat *keine* obrigkeitliche Stellung in der Stadt hatte. Die Rechtsfigur der Identität stammt aus dem Einungsrecht und besagt, daß die Genossen, die zur Führung einer Einung gewählt wurden, nicht in deren Auftrag handelten oder sie repräsentierten (das sind Rechtsfiguren aus dem römischen, dem gemeinen Recht), sondern daß sie mit den Genossen der Einung „identisch" waren. Im Hinblick auf die Stadtgemeinde bedeutet dies, daß die Gemeinde selbst, nicht der erwählte Rat, oberstes Organ war. Sie war zwar – allein auf Grund ihrer Größe – nicht mehr in der Lage, zu gesamter Hand tätig zu werden, war jedoch soweit handlungsfähig, um Grundfragen des Gemeinschaftslebens und der Stadtverfassung zu regeln, in diesem Rahmen zum ersten Mal einen Rat einzusetzen, aber auch um während eines Interconsiliums Worthalter (Sprecher) zu bestimmen, die ihre Interessen vertreten sollten (das sind die aus Bürgerunruhen bekannten Ausschüsse). Die Gemeinde besaß also ein selbständiges und ursprüngliches Initiativrecht. Der Rat konnte nicht anders handeln, als die Gemeinde wollte, wobei Zustimmung sich in der Regel in Stillschweigen äußerte.

Um einen solchen Verband handlungsfähig zu machen, mußte sein Gemeinwille hergestellt werden. Ihn festzustellen war die Aufgabe der städtischen Gremien, der Bürgerversammlung und des Rates. Dabei galt die Bürgerversammlung als identisch sowohl mit der Gesamtheit der Bürger und Einwohner als auch mit dem Rat, auch wenn – oder gerade weil – die Zahl der Bürger schon zu groß geworden war, um ein Handeln zu gesamter Hand zu erlauben. Der Rat hatte die Pflicht, sich über die unterschiedlichen Willen der partikularen innerstädtischen Verbände (Kaufleute, Ämter, *menheit*) zu erheben und das Gemeinwohl der Stadt zu verfolgen (auf die Diskrepanz zwischen Verfassungsnorm und Verfassungswirklichkeit kommen wir später kurz zu sprechen).

Damit aber Verwaltung und politische Führung der Stadt überhaupt in der gebotenen Schnelligkeit handeln konnten, waren die Gemeindegeschäfte in der Regel in drei Gruppen geteilt, gestaffelt nach ihrer grundsätzlichen Bedeutung für die Gesamtgemeinde. Die Geschäfte der ersten Gruppe konnte der Bürgermeister alleine entscheiden; Entscheidungen über gewichtige Angelegenheiten der Bürgereinung galten nur dann als Wille der Gemeinde, wenn sie vom gesamten Rat getroffen wurden; hochbeschwerliche Geschäfte (*negotia ardua et magna*; Lübeck/Hamburg 1340) konnten dagegen nur entschieden werden, wenn Handwerksämter und Gemeinde zur Beratung mit herangezogen wurden. Hochbeschwerliche Geschäfte aber waren alle die, welche die Gemeinde in ihren Rechten geschmälert oder die Bürger und Einwohner in ihrem Vermögen geschädigt hätten, ferner Entscheidungen über Bündnis, Krieg, Münz- und Geldsachen und anderes mehr.

Die hansische Tagfahrt
Zurück zu den Einladungsschreiben. Sinn und Zweck einer Tagfahrt war, zu bestimmten Problemen gemeinsame Beschlüsse der anwesenden Städte der hansischen Einung herbeizuführen. Daher mußte sich zunächst jede einzelne Stadt einen Gemeinwillen in den anstehenden Fragen bilden. Je nach Zugehörigkeit der Angelegenheit in eine der o.g. Gruppen konnte es notwendig sein, daß ein Rat die Kaufmannschaften seiner Stadt oder, wenn es sich um hochbeschwerliche Geschäfte handelte, auch die Worthalter der Ämter und Meinheiten an seinen Beratungen beteiligte. Erst wenn die Zustimmung der Stadtgemeinde gesichert war, war der Rat in diesen Sachen vollmächtig und imstande, seine Bürgermeister

oder Ratsherren als vollmächtige Sendeboten zur Tagfahrt abzuordnen. Es leuchtet ohne weiteres ein, daß deren Vollmächtigkeit auf Versammlungen der gemeinen Städte nicht weiter tragen konnte, als der einzelne Rat in seiner Heimatstadt Befugnisse hatte.

Auf der Tagfahrt mußten die Ratssendeboten einer Stadt jeweils selbst entscheiden, wieweit der einzelstädtische Gemeinwille mit der gemeinstädtischen Willensbildung noch zu vereinbaren war und wann der Punkt erreicht war, an dem die Vollmacht erlosch und die Angelegenheit zu neuerlicher Beratung wieder in die Heimatstadt zurückgebracht werden mußte. Denn die Stadtgemeinden waren nur so lange an ihr Wort gebunden, wie der Wille des oder der Ratssendeboten mit dem der Gemeinde identisch war. Dieses Ad-referendum-Nehmen, das ja in jedem einzelnen Fall eine gemeinsame Willensbildung vereitelte, ist bei allen Versuchen, die Hanse schlagkräftiger zu machen, nie unter Strafe gestellt worden – im Gegensatz zu anderen Fällen, durch die eine gemeinsame Willensbildung verhindert wurde, indem Sendeboten zu spät eintrafen, zu früh abreisten oder ganz ausblieben, die alle mit einer Buße von einer Mark Goldes belegt waren. Man wußte genau, daß dies ein elementarer Teil des niederdeutschen Stadtrechts war, den keine Stadtgemeinde aus der Hand geben konnte.

Die Vollmächtigkeit des hansisch-niederdeutschen Einungsrechtes war eine allgemeine Eigenschaft, die jeder Ratsherr einer Hansestadt hatte, der in Eintracht mit der Stadtgemeinde im Rate saß. Hier liegt der elementare Unterschied zu dem zweckgebundenen und daher beliebig einschränkbaren Mandat, das im gemeinen Recht durch Gebot oder Urkunde übertragen werden konnte. Weil diese Vollmächtigkeit aber eine allgemeine Eigenschaft war, erteilte man den Ratssendeboten mündliche Aufträge, ohne ihnen schriftliche Vollmachten auszuhändigen. Nur Neulinge, die auswärts noch nicht persönlich bekannt waren, bekamen einen Abdruck des Stadtsiegels oder einen Kredenzbrief mit, die jedoch nur Symbole und keine schriftlichen Vollmachten waren. Sie dienten dazu, dem

Adressaten die Identität des Inhabers mit den Siegelführern, nicht aber die Reichweite seiner Vollmacht klarzumachen. Es gab folglich keine Trennung der formalen Vollmacht von der inhaltlichen Instruktion eines Gesandten, wie sie im gelehrten römisch-gemeinen Recht bereits erreicht war und im 15. Jahrhundert von den Engländern als etwas Selbstverständliches praktiziert wurde.

Die gemeinsame Willensbildung

Über den Gang der gemeinsamen Willensbildung sagen die Rezesse wenig aus. Die Geschäftsordnung war allgemein bekannt, so daß kein Grund vorlag, sie schriftlich zu fixieren. Aus dem wenigen darf man schließen, daß die Bürgermeister der gastgebenden Stadt die Verhandlungen leiteten, den Sprechern das Wort erteilten, die als konsensfähig hervortretenden Meinungen formulierten und sie schließlich ihrem Ratsschreiber als beschlossen zur Aufnahme in den Rezeß diktierten.

Nach den Erkenntnissen von Ernst Pitz beruhte die Beschlußfassung auf den hansischen Tagfahrten nicht auf Stimmrechten. Ein Zählen der Stimmen war weder zugelassen noch erforderlich. Die Willensbildung der Städte wurzelte vielmehr in dem Vertrauen in den Sachverstand der versammelten Ratssendeboten, der die nützlichste Lösung ermitteln würde – eben jene Lösung, in der sich alle Partikularwillen mit dem Gemeinwillen aller Hansestädte identifizieren konnten. Ein Beschluß war daher nur möglich, wenn der Vorsitzende einen vollkommenen Konsens aller Ratssendeboten feststellte. Wenn sich gegen die Formulierung, mit der er das Ergebnis der Diskussionen zusammenfaßte und die er dem Schreiber für den Rezeß diktierte, kein Widerspruch mehr erhob, war der Beschluß gefaßt. Wie in den Stadtverfassungen begegnet auch hier die nach hansisch-niederdeutschem Einungs- und Stadtrecht für die Konstitution der Verbände und ihres Gemeinwillens grundlegende stillschweigende Duldung und Zulassung, die als aktives Tun verstanden wurde und die einzige Form des Beschließens war. Nicht zahlenmäßige Einstimmigkeit, sondern unwidersprochene Eintracht bildete das

Fundament sowohl der städtischen als auch der hansischen Verfassung.

Allerdings war im Einungsrecht auch eine Folgepflicht der Minderheit festgelegt, derzufolge die Genossen, deren Wille während der Beratungen in die Minderheit geriet, der Mehrheit folgen und dadurch die Einstimmigkeit der Willensbildung ermöglichen sollten. Schon 1369 während des dänischen Krieges faßten die wendischen Städte den Beschluß: „Was die meiste Menge dann als das Beste und Nützlichste erkiesen, daß dem die Anderen folgen (sollen)“. Es ist nicht schwer, sich vorzustellen, wie – durch die Kombination von Sachzwängen und Gruppendruck veranlaßt – manche Ratssendeboten Beschlüssen stillschweigend zustimmten, die von ihrer jeweiligen Stadt dann später abgelehnt wurden.

Wenn viele Aufgaben anstanden, setzte die Versammlung der Ratssendeboten Ausschüsse ein. Bestimmte Städte wurden bevollmächtigt, bestimmte Angelegenheiten für alle zu behandeln. Beispiele dafür sind die Vier-, Fünf- oder Mehrstädtegerichte, denen die als Schiedsrichter angerufenen Ratssendeboten die Entscheidung von Parteistreitigkeiten delegierten, oder die Mehrstädtekommissionen, denen in bestimmten Situationen die auswärtigen Angelegenheiten des gemeinen Kaufmanns anvertraut wurden, wie z.B. die mindestens neun Städte, die die Lübecker Tagfahrt vom 21. September 1450 mit den Streitigkeiten mit England betraute. Die Städte der Ausschüsse hatten zusammen vollkommene Macht für die jeweilige Angelegenheit.

Rechtskraft erreichten die in den Rezessen der Versammlungen eingetragenen Beschlüsse erst durch Publikation. Die Rezesse mußten in das Stadtrecht der einzelnen Städte aufgenommen werden, da nur diese die eidgenossenschaftliche Strafgewalt über die Kaufleute innehatten, mit der ihre Einhaltung erzwungen werden konnte. Eine gesamthansische Eidgenossenschaft, die das hätte leisten können, gab es ja nicht. Die notwendige einzelstädtische Publikation ist auch der Grund, warum die Rezesse keine dispositive (= Recht setzende) urkundliche Form hatten, sondern die der als Gedächnisstütze abgefaßten *notitia*. Ihr öffentlicher Glaube beruhte auf der Öffentlichkeit der während der Tagfahrt verfaßten Niederschrift und danach auf dem Zeugnis der Ratmannen, die dabeigewesen waren. Die Beschlüsse wurden dem gemeinen Kaufmann auf zwei Wegen bekanntgegeben: einmal über die Älterleute in Brügge, London, Bergen oder Novgorod; dort bewirkte das mündliche Verlesen in der Morgensprache (= Versammlung) der anwesenden Kaufleute unmittelbar die Rechtskraft des Rezesses. Zum zweiten über die Stadträte der einzelnen Städte und deren Burspraken (Gemeindeversammlung; die dort verkündeten Verordnungen); diese Art der Publikation wurde gelegentlich in den Rezessen von den Ratssendeboten selbst gefordert. Andere wichtige, langfristig gültige Ordonnanzen konnten die Räte in den festen Bestand ihrer alljährlichen Burspraken aufnehmen. Da aber – wie wir bereits wissen – jede Stadt die Rezesse daraufhin prüfen mußte, ob sie ihrer Stadt nützten oder schadeten – im letzteren Fall hätten die Ratsherren mit der Publikation ihre Bürger- und Ratseide verletzt –, waren die Chancen eines Rezesses, in allen Hansestädten Rechtskraft zu erhalten, „nur sehr gering; schon größer waren sie, daß ein Rezeß nur in den meisten, noch größer, daß er nur in vielen, und am größten, daß er nur in wenigen Städten dieses Ziel erreichen würde“.

Diese Chancen hingen allerdings auch wesentlich vom Inhalt eines Rezesses ab. Beschlüsse zum Handels- und Gewerberecht, zum Schiffs- und See-, Gesellschafts- und ehelichen Güterrecht u. v. a. m., alles, was die Weiterbildung des alten Markt- und Verkehrsrechts der Kaufleute zu einem spätmittelalterlichen gemeinen Handels- und Privatrecht betraf, hatte die größte Chance, allgemeine Anerkennung zu finden. Je stärker jedoch Fragen des politischen Lebens und seiner rechtlichen Gestaltung betroffen waren, desto geringer war die Chance, in vielen Hansestädten zur Rechtskraft zu gelangen.

Die hansische Einung als Aktionsgemeinschaft
Nun können wir uns der Frage widmen, wie die hansische Einung auf dieser Grundlage handelte. Hier ist zunächst ein

weiterer Grundgedanke der freien Einung als einer Gemeinschaft von Menschen gleichen Rechts zu berücksichtigen: Genausowenig, wie es z.B. innerhalb der kaufmännischen Fahrtgemeinschaft einen Anspruch darauf gab, zum Ältermann gewählt zu werden, gab es im Kreise der gemeinen Städte einen Anspruch bestimmter Gemeinden auf das Sprecheramt. Es war Pflicht der im jeweiligen Fall am meisten betroffenen Stadtgemeinde, eine bestimmte Angelegenheit im Namen der gesamten deutschen Kaufmannschaft in die Hand zu nehmen und zu Ende zu führen (zur Sonderrolle Lübecks weiter unten).

Sobald die betroffene Stadt ihr Vorgehen geplant hatte, setzte der oben beschriebene Gang der Beschlußfassung ein. Sie mußte die Zustimmung der gemeinen Städte einholen (Identität der Willen), um ihre Willkür (d.h. ihren gekürten = „gewählten" Willen) zum Gemeinwillen zu erheben. Wie schwierig diese Beschlußfassung gerade in politischen Fragen war, die mit Bündnissen und Krieg zusammenfielen oder die Geld kosteten, ist leicht zu verstehen, da für derlei hochbeschwerliche Sachen – wie oben dargelegt – die Zustimmung der gesamten Stadtgemeinden notwendig war. Hatten sie allerdings ihren Beistand zugesagt, so bedeutete dies sowohl die Bevollmächtigung der willkürenden Stadt als auch die Folgepflicht der zustimmenden. Damit war die Vollmacht der ersteren begründet, in dieser Angelegenheit für alle zu handeln, aber auch die Pflicht aller, ihren Willküren zu gehorchen. Diese Folgepflicht war jedoch eingeschränkt. Erstens konnte sich keine Stadt zu Leistungen und Taten verpflichten, mit denen sie ihr eigenes Stadtrecht gebrochen hätte, da kein Stadtrat von seiner Gemeinde dazu die Befugnis oder Vollmacht erhielt. Zweitens galten Vollmacht und Folgepflicht nur für das vorliegende Geschäft; sie begründeten also kein ständiges Amt und keine immerwährende oder gar bedingungslose Pflicht zum Gehorsam. Das hieß, daß zu jeder anfallenden Sache die Kore erneuert werden mußte und daß wegen der unterschiedlichen Interessen der Städte der Kreis jedesmal ein anderer war. Da sich diese Handlungskriterien schon gegen Ende des 13. Jahrhunderts finden, muß die Struktur der hansischen Einung bereits mehr als ein halbes Jahrhundert vor der ersten Nennung der *stede van der dudeschen hense* festgestanden haben.

„Haupt" und „Häupter": zur Stellung Lübecks in der Hanse
Es bleibt noch die besondere Rolle der Stadt Lübeck innerhalb dieser Struktur zu klären. Seit der zweiten Hälfte des 13. Jahrhunderts trat sie im Kreis der gemeinen Städte immer häufiger hervor. Das war eine Folge ihrer selbständigen Stellung als Reichsstadt im Norden des Reichs sowie ihrer handelsgeographischen Lage, deren Bedeutung durch die Veränderungen der Wirtschafts- und Handelsstruktur in dieser Zeit bedeutend wuchs (s. S. 60). Es gab zwischen Novgorod und Flandern wohl kaum einen Auslandsmarkt im Handelsbereich des niederdeutschen Kaufmanns, an dem nicht Kaufleute dieser Stadt zu finden gewesen wären. Lübecker Kaufleute und Ratssendeboten hatten Wege- und Geleitsprivilegien für sich und den *gemenen kopman* erworben. Gesandte der Stadt waren in Flandern tätig, und Privilegien für die Gotländische Genossenschaft wurden im Archiv dieser Stadt aufbewahrt. Vor allem aber auf den Schonischen Märkten, wo sie die ersten Handelsprivilegien aller niederdeutschen Kaufleute erhalten hatten, war ihre Bedeutung im Verein mit den wendischen Städten (die ihre Privilegien dort nach Art der Lübecker erhielten) kaum zu unterschätzen. Es galt aber auch, die einmal erworbenen Privilegien zu verteidigen oder zu erweitern, so daß Lübeck als am meisten betroffener Teilverband hervortrat. Lübeck agierte aber nicht allein, sondern – dem mittelalterlichen Prinzip der Regionalität folgend – zusammen mit den wendischen Städten, mit denen zusammen es die Schirmherrschaft für die Kaufleute zunächst im Ostseegebiet übernommen hatte (s. o. zum Vertrag von 1264). Seit 1278 faßte man die Städtegruppe zwischen Hamburg und Greifswald (später die wendischen Hansestädte genannt) unter der Bezeichnung „Seestädte" (*civitates maritimae*) zusammen. Aber erst 1343 identifizierten sich diese selbst mit dem gemeinen

Kaufmann von der deutschen Hanse, ein Zeichen, daß trotz gemeinsamer Aktivitäten auf der Grundlage eines gemeinen Willens der Prozeß der Identifizierung mit den anderen, nicht dem eigenen Teilverband angehörenden Städten recht lange dauerte.

Die häufige Wahl zum Wortführer gewährte den Lübeckern aber gemäß dem Einungsrecht keine Herrschaft oder Hoheit über den Kaufmann oder die Städte. Sie erhielten durch ihren beständigen Einsatz lediglich Ansehen, Prestige und Autorität. Um ihre sachlich und zeitlich beschränkten Vollmachten immer wieder zu erlangen, mußten sie sich vorweg und freiwillig als Beschützer bewähren; dies war die Bedingung dafür, daß immer mehr Städte bereit waren, die Lübecker zu ermächtigen, und daß die Ermächtigungen immer häufiger aufeinander folgten. Auch statistisch läßt sich der Vorrang Lübecks gut dokumentieren: Von 67 Tagfahrten, die zwischen 1356 und 1407 stattfanden, zu denen Lübeck geladen hatte und bei denen Abgesandte von mindestens zwei Städtegruppen zugegen waren, traten 43 in der Stadt an der Trave zusammen (V. Henn).

Ernst Pitz umschreibt diesen organisatorischen Zustand treffend damit, daß die Hanse Häupter besessen habe, aber keine untergeordneten Glieder. Deswegen war der Führungsanspruch Lübecks auch nicht unumstritten; vor allem Köln machte ihm bisweilen den Vorrang streitig. Andererseits war die Vereinigung dadurch offen genug, sich zum Beispiel (informell) durch den Hochmeister des Deutschen Ordens vertreten zu lassen, was den Kaufleuten in der aristokratischen Welt der westlichen Königreiche ein Ansehen verschaffte, das sie selbst nicht hätten erreichen können. In englischen Quellen des 14. Jahrhunderts erscheint der Hochmeister sogar als *caput Hansae*, als Haupt der Hanse.

Das Strukturprinzip der vielen Häupter war auch der Grund, weswegen die gemeinen Städte weder eine gemeinsame Kanzlei noch ein gemeinsames Siegel hatten. Die Kanzleigeschäfte, die bei einer hansischen Tagfahrt anfielen, wurden von der Kanzlei der jeweils gastgebenden Stadt getätigt, und das Sekretsiegel des Rates dieser Stadt diente zur Beglaubigung und zum Verschluß der Briefe. Diesem Prinzip lag ein tragendes Element des Einungsgedankens zugrunde, nämlich die Absicht, über alle Unterschiede des Reichtums und der Macht hinweg die rechtliche Gleichheit der Genossen und Teilverbände zu sichern.

Die Suche nach einer schlagkräftigeren Verfassung

Allerdings sahen die Lübecker sich auf Grund ihrer häufigen Inanspruchnahme in Sachen des gemeinen Kaufmanns zunehmend zum Haupte nicht nur des zentralen Partikularverbandes (nämlich der wendischen Städte) innerhalb des gemeinen Kaufmanns, sondern auch des Gesamtverbandes selbst berufen. Fassen läßt sich dies in der zweiten Hälfte des 14. Jahrhunderts, als unter den Anforderungen der politisch wie wirtschaftlichen Krise deutlich wurde, daß die Beschlußfassung der gemeinen Städte den Anforderungen vor allem in Kriegszeiten nicht gewachsen war. In dieser Zeit gab Lübeck das Ziel größerer Schlagkraft vor.

Die wesentlichen Etappen auf dem letztlich gescheiterten Weg dorthin waren das Jahr 1369, als sich die gemeinen Städte der Problematik bewußt wurden, die mit den Vollmachten der Ratssendeboten und ihrem Retraktrecht (Recht, Beschlüsse ad referendum zu nehmen) verbunden war (s. den oben S. 74 zitierten Beschluß); 1418, als sie (spätestens) Regeln für die Zulassung der Einzelstädte zu ihrem gemeinsamen Rat (der Versammlung der Ratssendeboten) festsetzten; 1441, als zu den Einladungsschreiben eine Pön(= Straf-)formel hinzukam, die das Nichterscheinen ohne ausreichenden Grund unter Strafe stellte, und außerdem Lübeck und die wendischen Städte gebeten wurden, von aller wegen die hansischen Angelegenheiten zu regeln; 1448, als Köln den Unterschied zwischen Vollmachten zum Zuhören und solchen zum Beschließen herausstellte, und 1451, als (auch hier spätestens) die Ratssendeboten von den kleinen Städten, die sich durch Nachbarstädte vertreten lassen wollten, schriftliche Vollmachten für deren Sendeboten forderten.

Alle Versuche scheiterten jedoch an dem grundsätzlichen Verfassungsprinzip der freien Einung, nach dem jedem Mitglied die freie Entscheidung in seinen grundlegenden, den hochbeschwerlichen Angelegenheiten zustand. Aus sich heraus war die Hanse nicht in der Lage, eine hoheitliche Gewalt hervorzubringen, die den Gemeinwillen auch gegenüber den ortsbezogenen Teilverbänden hätte durchsetzen können, „weil die Gemeinden kraft ihres selbständigen Ursprungs aus freier Einung nicht befugt waren, ihre Gebotsgewalt oder Hoheit über die Eidgenossen an den Stadtrat oder an die Ratssendeboten der gemeinen Städte dauerhaft und unwiderruflich zu delegieren".

Von daher, schließt Pitz weiter, erweist sich „die von der Hanseforschung oft vermutete Umwandlung der hansischen Einung aus einem Personenverbande in einen kommunalen Verband, dessen Mitglieder nur noch Stadtgemeinden sein konnten, [...] als bloßer Schein, hervorgerufen von dem Versuch der wendischen Städte [die Rechtsform der Einung] so fortzubilden, daß sie auch der aus Personen und Partikularverbänden zusammengesetzten polykephalen hansischen Megalopolis gestattete, einen Gemeinwillen zu bilden und in die politische Führung umzusetzen".

Die zentrale Bedeutung des geburtsrechtlichen Zugangs zur Hanse zeigte sich seit dem späten 14. Jahrhundert an dem Scheitern aller Versuche, das Recht des deutschen Kaufmanns im Ausland an das Bürgerrecht zu binden. Im Rezeß des Hansetags von 1366 wurde zum ersten Mal verankert, daß nur diejenigen Kaufleute die Privilegien der Deutschen nutzen dürften, die Bürger einer Hansestadt seien (wiederholt 1390, 1397 und öfter). Die Älterleute der Kontore erhoben Einspruch gegen diese Regelung; in den Kontoren habe man seit jeher auch andere Kaufleute in des *kopmans recht* aufgenommen und sie sogar zu Ältermännern gewählt, wenn sie dazu persönlich geeignet gewesen seien. Auch weiterhin schlugen sämtliche Versuche, den Beitritt zur Auslandshanse zu reglementieren, fehl. Denn 1521 erklärten hansische Unterhändler ihren englischen Verhandlungspartnern: „Die Hanse sei eine Körperschaft, die nicht nur, wie sie meinten, aus Städten bestünde, sondern aus vielen Gauen, Dörfern, Marktflecken (*burgi*) und anderen Stätten ...“ Und als sie einige Tage später ein Verzeichnis der Hansestädte ausliefern mußten, überreichten sie gleichzeitig eine Protestation, wonach dieses Verzeichnis den darin nicht genannten „Städten oder Orten oder Männern, die zur Hanse gehören“, an ihren Rechten nicht schädlich sein solle.

Es ist nach dieser Selbstaussage klar, daß es so gut wie unmöglich ist festzulegen, welche Städte zur Hanse gehörten. Die überlieferten Listen umfassen zwischen 55 und 80 Städtenamen, die in offiziellen Schreiben genannte Zahl 77 hatte eher symbolischen Charakter, dürfte der tatsächlichen Anzahl an größeren, zeitweise aktiven Hansestädten aber nahegekommen sein, die vom Brügger Kontor 1469 mit 72 angegeben wurde. Rechnet man sämtliche Heimatstädte von Kaufleuten hinzu, die das Hanserecht im Ausland nutzten, erhält man eine Zahl von rund 180 bis 200. Eine Liste von 200 Städtenamen findet sich im Anhang von Dollingers Hansegeschichte.

Die Hanseeigenschaft konnte man auf drei Wegen verlieren: Durch Verzicht auf die Nutzung der Privilegien, durch freiwilligen Austritt aus der Gemeinschaft (der erste ‚endgültige‘ ist derjenige der Stadt Breslau im Jahre 1474, im 16. Jahrhundert häuften sie sich) oder durch den förmlichen Ausschluß einer Stadt (Verhansung) oder eines Kaufmanns, der jeweils bei schwerwiegenden Verstößen gegen die Prinzipien und Interessen der Gemeinschaft von der Städteversammlung bzw. von den Älterleuten der Kontore verfügt werden konnte.

„Privilegienhanse“ und „Lübecker Hanse“
Auch wenn das Ziel einer straffen politischen Führung nicht erreicht wurde, nicht zuletzt wegen des vor allem von Köln und den westfälischen Städten geleisteten Widerstands gegen die lübisch-wendische Politisierung der Hanse, führten die Bemühungen Lübecks doch zu zwei Formen der ursprünglich einen Hanse: Zum einen bestand die an die Nutzung der Privi-

legien im Ausland gebundene Hanse weiter, zu der man, wie wir eingangs sahen, geboren war; zum anderen aber scheint es Lübeck gelungen zu sein, einen viele Städte umfassenden gemeinen Willen zu schaffen, in dem Lübeck als Haupt der Hanse anerkannt wurde und die Städte, die dieser Kore folgten, das Recht oder die Pflicht bejahten, die von Lübeck ausgeschriebenen Tagfahrten zu besuchen.

Allerdings konnten einzelne Städte sich weigern, der Wahl Lübecks zum Worthalter des gemeinen Kaufmanns (von neuem) beizutreten, ohne sich dadurch den Vorwurf eines Rechtsbruches zuzuziehen. Das zeigt sich sowohl bei der Ernennung Lübecks zum Oberhof des Kaufmannsgerichts in Novgorod, das zeigen aber vor allem die merkwürdigen Erstaufnahmen einzelner Städte in die Hanse, deren Kaufleute seit je die Privilegien der Deutschen im Ausland genossen hatten: 1358 Bremen, 1380 Arnheim, 1392 Duisburg, 1402 Nimwegen, 1407 Zwolle und Wesel, 1441 Kampen und Zutphen. Zu diesem Zeitpunkt, interpretiert Pitz, hätten diese Städte vermutlich der Kore Lübecks zum Haupt der Hanse zugestimmt und sich verpflichtet, die von Lübeck ausgeschriebenen Tagfahrten zu besuchen, womit ihre Ratssendeboten zu den Tagfahrten der von Lübeck geführten Hanse zugelassen worden seien.

Das Haupt der Hanse konnte diese Tagfahrten jedoch nicht selbständig einberufen. In der Regel ließen sich die Lübecker von den Ratssendeboten der gemeinen Städte dazu ausdrücklich ermächtigen. Die einzige konkrete Befugnis, die das Haupt der Hanse hatte, war wohl seit dem 15. Jahrhundert der Vorsitz auf den Tagfahrten der gemeinen Städte. Weitere Aufgaben, die mit der Einladung zu diesen und der Ausführung und Auslegung der Rezesse verknüpft waren, konnte Lübeck nur gemeinsam mit dem Beirat der wendischen Städte und unter deren Kontrolle erfüllen. Für alles, was darüber hinausging, benötigte es jeweils eine besondere, sachlich wie zeitlich auf die Ausführung eines bestimmten, genau bezeichneten Geschäftes beschränkte Vollmacht von seiten der Ratssendeboten oder der (im Umlaufverfahren votierenden) gemeinen Städte. „Die Leitungsgewalt der Lübecker oder des Hansehauptes war daher in ähnlicher Weise beschränkt wie die Regierungsgewalt jener Könige, die ihre Reiche im Einvernehmen mit einer Lehnskurie und den vor die Schranken des Lehnshofes geladenen Vertretern der Gemeinden regierten. Im Vergleich dazu teilte die Verfassung der deutschen Hanse den Lübeckern den Königspart (allerdings abzüglich aller königlichen Prärogativen), den wendischen Städten den Part der Lehnskurie oder des königlichen Rates und den übrigen Städten den der zum Parlament versammelten Gemeinden zu."

Die Tohopesaten

Die politische Ohnmacht der Hanse, die aus ihrer einungsrechtlichen Verfassung folgte, war auf die Schnelle nicht zu beheben. Also griff man unter den politischen Verhältnissen des 15. Jahrhunderts zu einem *außerhalb* der Hanse liegenden Mittel, den sog. Tohopesaten. Sie entwickelten sich aus regionalen Städtebündnissen der wendischen, pommerschen und sächsischen Städte und erhielten ihre Bezeichnungen *tossate, tosammendesettinge, tohopesate* als „Sinnbild des Haufens, dessen Kraft in der Masse und Einigkeit liegt" (W. Bode). An ihrem Zweck gemessen waren sie etwas ‚Unhansisches': Sie dienten nicht dem Schutze des gemeinen Kaufmanns und seiner Privilegien im Ausland, sondern dem Schutz der Einzelstädte gegen Gewalttaten von Fürsten und Herren im Reich. Daher unterschied man sie deutlich von der Einung der deutschen Hanse, von der sie sich nicht nur durch ihren Zweck, sondern auch durch die Befristung auf eine bestimmte Zahl von Jahren absetzten. Als politische Bündnisse bedurften sie einzelstädtischer Beurkundung und Besiegelung: Da der Abschluß von Bündnissen nach hansisch-niederdeutschem Stadtrecht zu den hochbeschwerlichen Sachen zählte, waren die Ratmannen verpflichtet, die ausdrückliche Zustimmung der Bürger und Einwohner einzuholen.

Den Zeitgenossen war der Unterschied deutlich. 1470 erklärte Lübeck den Kölnern den Unterschied zwischen dem *vorbund der gemenen stede* (= Hanse), der bereits seit 200

Jahren und länger bestehe, und der *Tohopesate*, dem politischen Bund, der 1451 auf sechs Jahre geschlossen worden und nun abgelaufen sei. 1535 luden die Städte zur Lüneburger Tagfahrt unter vorgeschobenen hansischen, d.h. vor allem den Handel betreffenden Tagesordnungspunkten, weil der eigentliche Grund, die Beilegung des Konflikts zwischen Lübeck und Dänemark, über die man beraten wollte, nicht zur Einberufung eines Hansetags berechtigte.

Man muß also zu dem Schluß kommen, daß die Tohopesaten, die in vielen Darstellungen der Hansegeschichte eine so große Rolle spielen, streng rechtlich gesehen mit der Hanse nichts zu tun hatten. Zwar gab es Verknüpfungspunkte, wenn die Ratssendeboten auf den Tagfahrten zwischen den an einem Bündnis interessierten Städten vermittelten (die meisten Tohopesaten blieben, wie Pitz aufgrund der Untersuchung der unterschiedlichen Besiegelung nachwies, übrigens im Entwurfsstadium stecken), und bei Zuwiderhandlung wurde bisweilen der Ausschluß aus der Tohopesate und aus der Hanse verfügt. Bode hat das alles bereits in den 1920er Jahren erkannt, gefolgt ist ihm die Forschung darin erst zu Teilen. Nach wie vor wird als einer der Hauptzwecke der Hanse die Abwehr fürstlicher Angriffe auf die Selbständigkeit der Städte genannt. Daß dies ein wesentliches Interesse der Politik vieler Hansestädte war, soll keinesfalls bestritten werden, aber mit der Einung der gemeinen Städte steht es in nur mittelbarem Zusammenhang.

Bekämpfung innerstädtischer Unruhen
Bereits im Spätmittelalter läßt sich in vielen Fällen nur schwer zwischen den Kämpfen gegen die fürstliche Stadtherrschaft und innerstädtischen Unruhen trennen, da sich die Handlungsfelder zu sehr überschneiden. Deswegen soll hier auch die Gefahr von innen, die Gefahr, die den führenden Ratsgeschlechtern von den Gemeinden ihrer Städte drohte, angesprochen werden. Auch die Abwehr dieser Gefahr gehört nach bislang allgemeinem Konsens zu den Zielen der sog. Städtehanse, festgemacht an den Beschlüssen des Hansetages

von 1418: Bei gewaltsamer Entmachtung des Rates drohte die Strafe der Verhansung, des Ausschlusses aus der Hanse. Unter der Lehre von der unumschränkten Ratsherrschaft (der Rat als Obrigkeit) mußte tatsächlich jede Entmachtung von seiten der Gemeinde als gewaltsam gelten. Auf der sozialen Ebene wurde ergänzend der Selbstbehauptungswillen des hansischen Patriziats angeführt, der mit zu dieser Regelung beigetragen habe (M. Puhle). Diesem Argument ist zuzustimmen, da die Maxime der hansischen Führungsgruppe zweifellos darin bestand, das Regiment in den einzelnen Städten in ihren Händen zu behalten. Das zeigen die Vorgänge in Stralsund am Ende des 14. Jahrhunderts, in Lübeck zwischen 1408 und 1416 und später in zahlreichen anderen Hansestädten.

Wie schwer die Forschung sich unter der obrigkeitlichen Prämisse mit diesen Unruhen tat, zeigt die Feststellung, daß durch die *schichten* (= Unruhen) gleichzeitig auch die Anpassung der Städte an die sich verändernden sozialen und ökonomischen Verhältnisse vorangetrieben worden sei. Darüber hinaus erkannte man auch, daß „sich nach gewissen Regeln vollziehender Protest in Fällen von offensichtlicher Mißwirtschaft sowie erwiesenem Ämtermißbrauch von seiten des Rates gleichsam als Ausdruck eines ungeschriebenen Widerstandsrechts angesehen wurde" (M. Puhle). Man stellte fest, daß die Hanse angesichts der zahlreichen *schichten* bei konsequenter Verhansung der betroffenen Städte bis zum Ende des 15. Jahrhunderts nicht mehr viele Mitglieder gehabt hätte, und nannte als Motiv für das inkonsequente Verhalten einen hansischen Pragmatismus, wo – wie Pitz nun nachgewiesen hat – tatsächlich schwerwiegende verfassungsrechtliche Gründe vorlagen. Denn bei fehlender Eintracht in der Stadtgemeinde sah das hansisch-niederdeutsche Stadtrecht eine nach gewissen Regeln ablaufende Wiederherstellung dieser Eintracht vor, die durchaus auch in der Einsetzung eines neuen Rates bestehen konnte. Und nur wenn ein Rat tatsächlich gewaltsam, d. h. nicht den Regeln des Einungsrechts entsprechend, entmachtet wurde, waren die gemeinen Städte gehalten einzugreifen. Die Wiederherstellung der Eintracht als zentrales Element der hansischen Politik bei inneren Unruhen hat unabhängig von Pitz in den letzten Jahren auch Stuart Jenks herausgearbeitet: Ohne diese Eintracht war eine einungsrechtlich verfaßte Stadt(gemeinde) nicht handlungsfähig.

Infolge dieser Erkenntnis müssen auch weitere liebgewordene Bewertungen revidiert werden: Daß z.B. die politischen Mitsprache- und Kontrollrechte, die die gewählten Ausschüsse im Zuge der Reformation gegenüber den Räten wahrnahmen, erst im Verlauf der Reformation errungen worden wären, wie auch die Vorstellung, daß erst im Zuge der schriftlichen Niederlegung der städtischen Verfassungen zumeist im 17. Jahrhundert das Mitwirkungsrecht der Gemeinden festgelegt worden wäre. Was damals schriftlich niedergelegt wurde, war nichts anderes als der Rest dessen, was der Gemeinde in der mittelalterlichen Einung an Rechten zugestanden hatte.

Die hansische Führungsgruppe

Ein zweiter Ansatz, der nach dem Funktionieren des hansischen Verbandes fragt, versucht, „über die Handlungsträger … hansischer Politik und deren individuelle Lebensschicksale auf soziologische Gemeinsamkeiten und kollektive Identitäten zu schließen". Als Ergebnis zeigt sich, daß die soziale Elite der Hanse eine informelle, interurban durch weitgespannte, überregionale Heirats- und Informationskreise miteinander verbundende Führungsgruppe war, die es verfassungsrechtlich eigentlich nicht gab und deren Mitglieder in ihren Heimatstädten zur politischen Elite gehörten (B. Fahlbusch), wo sie – so bisweilen der Eindruck – die Bürgermeister- und Ratsherrensitze von einem Mitglied an das nächste weitergaben. Puhle arbeitete die Exklusivität der städtischen und hansischen Führungsgruppe heraus, die – im Beispiel Braunschweig – unbeschadet einschneidender „demokratischer" Verfassungsänderungen, bis zum Ende des 15. Jahrhunderts allein zur Außenvertretung der Stadt befugt war. Deren Mitglieder übten beide Funktionen aus, die wohl häufig zueinander in

Widerspruch traten: Als Ratsherren waren sie auf das Wohl der gesamten städtischen Gemeinde verpflichtet, als Ratssendeboten waren sie Mitglied der Vorstandsschaft im Verband des gemeinen Kaufmanns (= der Hanse) und somit fernhändlerischen Interessen verpflichtet, die außer ihnen nur eine kleine Gruppe ihrer Mitbürger teilte. Bei den Ratssendeboten läßt sich ein Kreis von Personen benennen, die regelmäßig und oft über einen langen Zeitraum von 20 und mehr Jahren als solche tätig waren und als die eigentlichen Leiter der hansischen Geschicke angesehen werden dürfen. Hier und in vielen anderen Beispielen fügt sich die hansische Geschichte in das Muster der trotz wirtschaftlicher und verfassungsrechtlicher Veränderungen jahrhundertelangen Konstanz sozialer Eliten in der vorindustriellen Zeit.

Diese überstädtische Führungsgruppe, die seit Ende des 14. Jahrhunderts aus den Quellen gut zu fassen ist, kann – wenn auch wegen der Quellenlage nur hypothetisch – selbst für die hansische Frühzeit in Schemen erkannt werden. Die Angehörigen niederadliger, ministerialer und altfreier Geschlechter, die sich anhand der in den Städten des 12. und 13. Jahrhunderts überlieferten Namen belegen lassen, weisen auf das gleiche zugrundeliegende soziale System.

Die familiären Verbindungen und darauf aufbauenden sozialen und geschäftlichen Beziehungen waren das konstitutive Moment der Hanse; nicht nur in ihrer Führungsgruppe, sondern gerade auch an der Basis, bei den im Laufe der Jahrhunderte Tausenden von Kaufleuten, die am hansischen Handel teilnahmen. Das hatte gewichtige strukturelle Gründe. Der weite Raum, den der hansische Handel und die hansische Politik umfaßten, konnte im späten Mittelalter und in der frühen Neuzeit nur über Rechts- und Personenbeziehungen, nicht aber mit Institutionen überbrückt werden. Auch von dieser Seite stoßen wir also wieder auf die regionale Struktur als Grundvoraussetzung der hansischen Organisation, auf städtische Nachbarschaftsverhältnisse auf Gegenseitigkeit. Nur in einem solchen, räumlich begrenzten Rahmen war aktive Beistandspolitik (wenn überhaupt) möglich. Diese Verhältnisse sind aber immer zeitlich begrenzt gewesen, weil gemäß dem Wesen städtischen Wirtschaftens Kosten und Lasten stets im Verhältnis zur akuten Bedrohung gesehen wurden (P. Moraw).

Resümee

Das von Ernst Pitz gezeichnete Bild von der Verfassung der Hanse überzeugt, weil die Aussagen der zentralen (Rechts-) Quellen, der Hanserezesse, mit den tatsächlichen Ereignissen und Grundproblemen der hansischen Geschichte und den Selbstaussagen der hansischen Ratssendeboten und Syndici über den verfassungsrechtlichen Status der Hanse übereinstimmen. Er zeigt eindrucksvoll, wie die Differenz zwischen der römisch-rechtlichen Argumentation der gelehrten Räte in den westeuropäischen Königreichen und Fürstentümern und dem einungsrechtlichen Denken der hansischen Ratssendeboten zu nahezu unüberbrückbaren Gegensätzen führte. Daß sie dennoch bis zum Ende des 16. Jahrhunderts immer wieder überbrückt werden konnten, ist ein Hinweis auf die nach wie vor bedeutende Rolle der hansischen Kaufleute im Handelssystem des nördlichen Europa, auf die die Machthaber dieser Länder noch nicht verzichten konnten. Es weist vielleicht auch auf die nach wie vor engen Kontakte zu denjenigen Kaufleuten der Gastländer hin, die auf ihre hansischen Handelspartner nicht verzichten wollten. Auf den notwendig hypothetischen Charakter seiner Erkenntnisse macht Pitz selbst aufmerksam wie auch auf den Grund dafür, die ungleiche Überlieferung, die über Einungen unterhalb des Adelsstandes bis ins 14. Jahrhundert hinein kaum etwas, über die oberen Stände der Gesellschaft dafür weit mehr berichtet.

Seine Forschungen zur hansischen Einung sind Teil des großen Interesses, das die historische Forschung seit Jahren der grundlegenden Vergesellschaftungsform des europäischen Mittelalters, der freien Einung, entgegenbringt. Faszinierend sind die plausiblen Erklärungen vieler Probleme der Hansegeschichte, die sich aus dem Modell der Hanse als mehrstufiger Einung ergeben, auf die wir im folgenden noch öfter stoßen

werden. Allerdings muß auch betont werden, daß die einungsrechtlichen Termini Identität, gemeiner Wille, Eintracht
u.a.m. die Norm wiedergeben. Die Diskrepanz von recht-
lichem Entwurf und sozialer Wirklichkeit darf nicht aus den
Augen verloren werden. So erweist sich der gemeine Wille
eben doch oft als Herrschaftswille der oligarchischen Führungsgruppe, und, Identität hin, Identität her, sozialge-
schichtlich gesehen war die Hanse eine einständische Organisation von Fernkaufleuten. Nur, und das herausgearbeitet zu
haben ist auch ein Verdienst von Pitz, die Stadtgemeinden waren dem nicht ausgeliefert, sondern hatten ein verfassungs-
rechtliches Instrumentarium an der Hand, das bei entspre-
chenden Kräfteverhältnissen und taktischem Geschick auf
seiten der Gemeinde eine erfolgreiche Vertretung der Interessen der Ämter und *menheiten* gegenüber den Herrschaftsan-
sprüchen der Oligarchie ermöglichte.

2. Die Organisation des hansischen Handels

Widerlegung und sendeve
Neben dem Eigenhandel (Properhandel) bestand zunächst nur
ein, so wie es scheint, autochthon hansischer Gesellschaftstyp,
die Widerlegung *(wedderleginge, kumpanie, societas)*. In ihrer
Bezeichnung kommt der Gründungsakt der Gesellschaft, das
Zusammenlegen des Kapitals, deutlich zum Ausdruck. Man
sieht geradezu, wie zwei Kaufleute sich am Tisch gegenüber
stehen und die beiden Geldhaufen, das jeweilige Eigenkapi-
tal, zum Gesellschaftskapital zusammenschieben. Die wesentlichen Merkmale dieses Typs wurden in einer weitgehend
schriftlosen Zeit geprägt, wie sich auch in dem einfachen Verhältnis von 1:1 oder 1:2 der eingebrachten Kapitalien zeigt.
Das Kapital wurde nur von einem der beiden Partner, in der
Regel von dem mit der kleineren Einlage, geführt, der folglich
auf Handelsfahrt ging, allem Anschein nach aber keinen besonderen Anweisungen zu folgen hatte, auch wenn er in den
Quellen als Knappe oder Knecht, der andere dagegen als Herr
bezeichnet wird. Gewinne wurden hälftig geteilt, worin dann

in den Fällen mit unterschiedlichen Einlagen eine Art Entlohnung gesehen werden mag, bei der Teilung der Verluste gab es keine einheitliche Praxis.

Neben dieser Gesellschaft, aber in engem Zusammenhang mit ihr, gab es einen mit *sendeve* (= Sendegut) bezeichneten Typ, bei welchem ein Kaufmann Gut führte, das dem Kapitalgeber gehörte. Im Gegensatz zur bisherigen Forschungsmeinung sieht Albrecht Cordes in diesem Typ nur eine Zusatzinvestition eines Kapitalgebers im Rahmen eines Gesellschaftsvertrags, da er in anderen Zusammenhängen nicht nachgewiesen werden konnte.

Seit der zweiten Hälfte des 14. Jahrhunderts prägte eine wachsende Komplexität und Flexibilität das Gesellschaftsrecht, was darauf zurückgeführt wird, daß die meisten Kaufleute nun schreiben und lesen konnten. Die Abrechnung beim Kapitalgeber wurde nun zur durch Hanserezesse beschlossenen Rechtspflicht, ein Indiz für den Übergang zu einer neuen Handelstechnik, bei der das Handelsgut nicht mehr vom Kapitalführer begleitet wurde, sondern zwischen den Partnern hin- und hergeschickt wurde. Das hatte Auswirkungen auf die Frage der Kapitalführung, da der Kapitalgeber dabei persönlich aktiv werden und den Handel am anderen Ende des Handelsweges übernehmen mußte. Die hansischen Kaufleute verdienten in solchen Gesellschaften grundsätzlich nichts aneinander, ein grundlegender Unterschied zu italienischen und anderen außerhansischen Handelsgesellschaften. Über die hansischen Handelsgesellschaften war es möglich, durchlaufende Ketten von einem Ende des Hanseraums zum anderen zu bilden, die – zeitgleich mit den rechtlichen Regelungen durch die Hanserezesse – erst seit der Wende vom 14. zum 15. Jahrhundert überliefert sind. Diese Handelsgesellschaften waren auch das gegebene Mittel, die damals zunehmende Ausübung eines antihansischen Stapelrechts in einzelnen Hansestädten zu unterlaufen. Die rechtliche Handhabung dieses Systems wurde dadurch erleichtert, daß die Haftung grundsätzlich bei dem lag, der die Ware kaufte oder verkaufte, auch wenn er auf Rechnung eines Geschäftsfreundes handelte.

Neue Gesellschaftstypen

Neue Gesellschaftstypen traten aber erst unter italienischem, über Brügge an die niederdeutschen Kaufleute vermitteltem Einfluß im frühen 15. Jahrhundert auf. So wurde die Widerlegung durch den neuen Gesellschaftstyp der *selschop* mit beidseitiger Kapitalführung ergänzt, das Prinzip der Zweiseitigkeit wurde aufgegeben, die ersten Außengesellschaften entstanden, und in der kaufmännischen Buchführung wurden nun die chronologisch geführten Journale von den Hauptbüchern getrennt, in denen Konten für die einzelnen Geschäftsbeziehungen geführt wurden. 1465 wird die *vulle mascopey* als „Außengesellschaft mit zumindest theoretisch akzeptierter Solidarhaft" erstmals erwähnt, die „in wichtigen Punkten der heutigen offenen Handelsgesellschaft ähnelt" (A. Cordes).

Komplexere, z. T. über mehrere Generationen bestehende Familiengesellschaften mit Faktoren in zahlreichen Niederlassungen und einer Verbindung von Waren- und Geldgeschäften, die den italienischen und oberdeutschen Handel geprägt haben sollen, gab es im hansischen Wirtschaftsraum anscheinend nur selten. Allerdings wurden in den letzten Jahrzehnten immer mehr bekannt (es ist wohl, wie vieles, eine Frage der Fragestellung). So z. B. am Beginn des 15. Jahrhunderts die Gesellschaft von Jan Falbrecht (Valprecht) aus Thorn mit Witich Morser aus Danzig und David Rosenfeld aus Kulm, dann Thorn und Breslau, ein wirtschaftlich, finanziell und politisch verflochtener hansischer Konzern, der von 1400 bis 1439 mit seinem Handel fast den ganzen hansischen Wirtschaftsraum umspannte, jedoch auch bis Venedig und zum Schwarzen Meer ausgriff. Falbrecht brachte es bei seinem Engagement im Bunt- und Edelmetallbergbau in den Karpatenländern bis zum obersten ‚Kupfergrafen' Ungarns. Die Gesellschaft selbst war stark in die wirtschaftspolitischen Projekte Kaiser Sigismunds verstrickt (W. von Stromer). In der Mitte des 15. Jahrhunderts konzentrierte sich die hansische Familienfirma der Sputendorf/Spodendorf von Berlin–Danzig auf weitgespannte Finanztransaktionen vom Ordensland bis Lübeck und Brügge, über Eger und Nürnberg zu den Nürnberger *bankieren* und den Agenten der Großen Gesellschaft von Ravensburg sowie bis zur Kurie selbst. Weiterhin gab es die Kölner „Stralen-Kalthof-Gesellschaft" und die erst im 16. Jahrhundert aufsteigenden Stettiner Loitz. Der moderne Charakter dieser Gesellschaften wird auch durch die geführten Bücher belegt, so im Fall der 1549 in Lübeck gebildeten Gesellschaft Carstens-von-Brocke, dem ersten bekannten Beispiel doppelter Buchführung in Lübeck. Diese Gesellschaft gründete für den Handel in Livland 1554 eine Tochtergesellschaft, deren Vertrag erhalten ist. Mit ihren Faktoren in Antwerpen (dort saßen sechs Korrespondenten), Amsterdam, Nürnberg und Danzig nahm die Gesellschaft am Handel zwischen den Ostseeküsten, dem Westen und Binnendeutschland teil. Die Gesellschaft exportierte z. B. Bier von Lübeck nach Westen, dazu Tauwerk, schickte nach Danzig und Reval Hopfen, erhielt Stabeisen aus Schweden und Blech aus Nürnberg, wohin sie Flachs und Lachs sandte. Wachs, Leder und Pelze, zu deren Ankauf Taler nach Livland geschickt werden mußten, wurden im Westen verkauft, und von Danzig aus, auch von Pommern und von Fehmarn, wurden beträchtliche Mengen Getreide nach Lissabon, zum Teil auch nach Amsterdam ausgeführt. Pfeffer und Zucker kamen aus Antwerpen, Juwelen aus Lissabon.

Das Gros der hansischen Kaufleute scheint allerdings die einfacheren zweiseitigen Gesellschaften bevorzugt zu haben. Auch hier ergaben sich jedoch, „basierend auf der Summierung von Einzelgesellschaften, gerade in Lübeck und Brügge immer wieder Konzentrationen von Handelsbeziehungen um einige besonders aktive und erfolgreiche Kaufleute, deren geografischer Wirkungsbereich und deren Handelsvolumen aus der Summe aller Gesellschaftsunternehmungen wenigstens zeitweise den Vergleich mit oberdeutschen Firmen nicht zu scheuen brauchten" (F. Irsigler).

Warum große, zentral organisierte Handelsgesellschaften mit vielen Niederlassungen im hansischen Raum nur relativ selten vorkamen, ist noch nicht endgültig geklärt. Möglicherweise war es das im Vergleich zu italienischen Verhältnissen geringe Handelsvolumen der Hansekaufleute (M. North). Die

Handelsvolumina von Genua und Venedig waren in der zweiten Hälfte des 14. Jahrhunderts fünf- bis sechsmal so groß wie das überlieferte Mindestvolumen des seegestützten Lübecker Handels im Jahre 1368 (P. Spufford).

Bargeldloser Zahlungsverkehr
Mit dem geringen Handelsvolumen und der Seltenheit von großen Handelsgesellschaften mit auswärtigen Niederlassungen ließe sich auch der relativ seltene Gebrauch des Wechsels als Zahlungs- und Kreditinstrument im östlichen hansischen Wirtschaftsraum erklären. Da er in seiner klassischen Vier-Parteien-Form auf den sog. niedergelassenen italienischen Handel mit Filialen und Faktoren im Ausland zugeschnitten war, gab es kein Bedürfnis nach ihm. Den gleichen Zweck erfüllte der von den hansischen Kaufleuten bevorzugte Inhaber-Schuldschein (er hieß so, weil er neben dem Gläubiger auch auf den Überbringer ausgestellt war), der vor allem den Anforderungen des wandernden Messehandels, z. B. des Handels auf den Brabanter Messen bis ins 17. Jahrhundert, entsprach. „Da ein Hansekaufmann, der Geld mit Hilfe des Schuldscheins aufnahm, dieses nach dem Verkauf der Waren auf der nächsten Messe selbst zurückzahlte, benötigte er keinen Bezogenen oder Akzeptanten, der wie beim Wechsel in seinem Auftrag zahlte." Der Inhaber-Schuldschein war preisgünstiger als der Wechsel, bei dem hohe Wechselkursverluste anfallen konnten; er war außerdem übertragbar und reichte somit für die hansischen Kredit- und Geldtransferbedürfnisse in der Regel aus. „Auf den rohstoffreichen Ostmärkten mußte sowieso mit Silber bezahlt werden, und daneben gab es eine Reihe weiterer Kreditmöglichkeiten vom Rentenkauf bis zum Warenpfand, mit dem man sich den auch für den hansischen Handel unentbehrlichen Kredit verschaffen konnte" (M. North). Die Kreditfeindlichkeit, die die Hanse ausgezeichnet haben soll, ist ohnehin von Stuart Jenks widerlegt worden. Kreditverbote waren entweder räumlich beschränkt, wie im Rußlandhandel, oder sie wurden als Kampfmittel zeitlich befristet gegen Konkurrenten eingesetzt.

Butenhansische Handelsgesellschaften

Ähnliches betrifft auch die Verbote von Handelsgesellschaften mit außerhansischen Kaufleuten (sog. butenhansische Handelsgesellschaften), die von der bisherigen Forschung als Indikator für die Abkapselung der Hanse und auch als rückschrittliche Verhaltensweise gewertet wurden. Auch sie galten jeweils nur befristet. Vorschriften für die Hansen im Umgang mit den Butenhansen wurden hauptsächlich erlassen, um andere Kampfmaßnahmen der Hanse wie z.B. Handelssperren wirksam zu machen. Handelssperren waren nur wirksam, wenn es gelang, den gesamten Handel zu unterbinden. Eine der Möglichkeiten, eine Handelssperre zu unterlaufen, war der Kommissionshandel, so daß es sinnvoll war, „vor jeder Blockade die Vorschriften über den aktiven und passiven Kommissionshandel und dessen Pendant, das Vergesellschaftungsverbot, einzuschärfen. Es empfahl sich auch, Vorsorge zu treffen, daß hansische Kaufleute und Schiffer nicht aus der Hanse austraten, um die Handelssperre dann als Butenhansen unter Ausnutzung ihrer alten Kontakte zu unterlaufen. Desgleichen mußte man verhindern, daß sich Hansekaufleute butenhansischer Schiffe, deren Bewegungen kaum zu kontrollieren waren, wenn sie einmal den hansischen Hafen verlassen hatten, bedienten, um eine Blockade zu unterlaufen. Deshalb neigte der Hansetag dazu, die Verbote der aktiven Befrachtung, des Schiffsbaus und des Schiffsverkaufs im Vorfeld einer Handelssperre zu erneuern. Nach Aufhebung der Blockade konnte man die Gründung von Handelsgesellschaften mit Butenhansen, den Kommissionshandel, die Benutzung nicht hansischer Schiffe und dergleichen mehr ohne weiteres dulden, weil der aktuelle Grund für die Durchsetzung dieser Vorschriften entfallen war." (St. Jenks)

Das Gästerecht

Die hansische Handelsgesellschaft mit ihrer kostensenkenden Gegenseitigkeit, zeitlich befristete Maßnahmen gegen die Konkurrenz im Hinblick auf Kredite und Handelsgesellschaften mit Butenhansen waren wesentliche Bestandteile eines weitgehend informellen „innerhansischen Präferenzsystems" (R. Sprandel), mit dessen Hilfe die hansischen Kaufleute ihren Vorsprung vor der Konkurrenz wahren wollten. Ein weiterer Bestandteil war das Gästerecht. Die Bestimmungen zum hansischen Gästerecht sind freilich recht zweideutig. In vielen Hansestädten waren auswärtige hansische Kaufleute den Butenhansen gleichgestellt, in einigen Fällen sogar schlechter, wie z. B. 1442 in Reval, wo Lübeck darüber klagte, daß deutsche Kaufleute nur drei Tage, die Russen aber alle Tage ihre Waren zum Verkauf anbieten dürften. Der Schlüssel zum Verständnis liegt vermutlich in der Tatsache, daß die Verstöße gegen eine zunächst selbstverständliche und daher nach unseren Kategorien nur informelle Regelung wegen des daran gebundenen Schriftwechsels überliefert sind, während der normale Zustand nicht oder nur selten dokumentiert ist. Zu diesen seltenen Dokumenten gehört die Festlegung einer Danziger Willkür, nach der der Verkauf von Sendegut verboten war, *sunder bynnenhensisch sendegut*, oder die zahlreichen Schreiben von Hansestädten an die Stadt Lübeck (aber auch an andere Städte), um einem ihrer Kaufleute zu den hansischen Freiheiten in Lübeck zu verhelfen. Aber auch diese Regelung war im Laufe der Zeit Veränderungen unterworfen. Der zunehmend schärfer werdende Konkurrenzkampf führte seit dem 15. Jahrhundert zu den bereits angesprochenen Verletzungen des günstigeren Gästerechts hansischer Kaufleute, und zwar nicht nur in den Hansestädten selbst, wo die Räte auf die wirtschaftlichen Interessen der verschiedenen Bevölkerungsgruppen Rücksicht nehmen mußten, sondern auch an den Zentralen der hansischen Organisation, so zum Beispiel im Novgoroder Kontor, wo die preußischen Kaufleute bereits in der zweiten Hälfte des 14. Jahrhunderts rund 15 Jahre lang um ihre Gleichberechtigung kämpfen mußten, letzten Endes allerdings erfolgreich. Rund ein Jahrhundert später mußten die süderseeischen Städte auf dem Hansetag ihre Gleichstellung am Bergener Kontor einklagen, und auch in Riga waren sie rechtlich schlechter gestellt als die Kaufleute aus anderen Hansestädten.

Handelssperren und Kriege

Die stärksten Kampfmittel der Hansestädte waren – abgesehen von der nur im äußersten Notfall riskierten militärischen Auseinandersetzung – Handelssperren gegen Zielländer ihres Handels. Vom Ende des 12. Jahrhunderts – damals zusammen mit den gutnischen Kaufleuten gegen Novgorod – bis in die Mitte des 15. Jahrhunderts – letzte Verlegung des Brügger Kontors nach Deventer und Utrecht – sind sie in vielen Fällen mit Erfolg verhängt worden: außer den genannten gegen Polen, Norwegen, England, Schottland, Flandern, Frankreich, Kastilien und auf Anordnung Kaiser Sigismunds auch gegen Venedig (Ph. Dollinger). Eine Kosten-Nutzung-Rechnung läßt sich mangels ausreichender Überlieferung freilich nicht aufstellen; der Erfolg muß an den nach Beendigung der Maßnahme ausgestellten Privilegien gemessen werden.

Ein völliges Abriegeln eines Landes vom Außenverkehr versuchte man nur einmal (Norwegen 1284–85) bzw. unter den spezifischen Bedingungen des Novgorodhandels (1180er Jahre, 1388–92). Besonders im eigenen Hauptabsatz- und -einkaufsgebiet, in Flandern, wählte man in der Regel – sowohl gegen die Stadt Brügge als auch gegen die Grafschaft – das flexiblere Mittel der Verlegung des Stapels in eine in der Nähe gelegene Stadt, um den eigenen Handel mit der Region nicht zu sehr zu schädigen. Als jedoch die Herzöge von Burgund die Landesherren von dem größten Teil der Niederlande geworden waren, mußte das hansische Kontor 1451 in die zu weit entfernten Städte Deventer und Utrecht verlegt werden, wodurch die Handelssperre nur ein halber Erfolg wurde.

Angesichts der unterschiedlichen Interessen der hansischen Teilräume und der einzelnen Städte war eine Handelssperre stets eine Zerreißprobe für die Einung der hansischen Städte. Bei Widerstreben einzelner konnte die Maßnahme nur mit Hilfe von Gewaltanwendung durchgesetzt werden, wie z.B. 1285, als Bremen gezwungen wurde, einen von ihm nicht mitgefaßten Beschluß einzuhalten. Der zunehmende Handelsverkehr von konkurrierenden Kaufleutegruppen in den Zielländern des hansischen Handels machte die Handelssperren schließlich zu einem unwirksamen bzw. sogar gegen die Hansen gerichteten Mittel, da die Konkurrenten während der Zeit der Abwesenheit der hansischen Kaufleute in deren Positionen eindringen konnten.

Die ultima ratio der Politik der Hansestädte war der Krieg. Von einem hansischen Krieg kann man angesichts des Beitrags hansischer Kaufleute zum Pfundzoll, also zur Finanzierung des Krieges, im Falle der Kriege gegen Waldemar IV. von Dänemark sprechen (s.u. S. 109 f.). Breite Beteiligung fand auch noch der Krieg gegen England 1470–74. Ansonsten wurden die meisten Kriege von der wendischen Städtegruppe geführt – mit wechselnder Unterstützung durch andere Städte(gruppen). Die meisten waren gegen die dänischen Könige gerichtet, die wegen ihrer Territorialpolitik den Landweg Lübeck – Hamburg bedrohten und durch ihre Beherrschung des Sundes den Seeweg kontrollierten – die Hauptverkehrslinien des hansischen Handels von Ost nach West. Kriege waren in der Regel Kaperkriege auf See; Landoperationen waren äußerst selten.

IV. Niedergang oder Übergang?
Gründe für die Auflösung der Hanse

Seit der zweiten Hälfte des 14. Jahrhunderts wurden die beherrschende Stellung der niederdeutschen Kaufleute im Zwischenhandel zwischen Flandern/England und Nordwestrußland und die relative Autonomie der Städte, die Voraussetzung für eine eigenständige Politik war, durch zwei eng miteinander verbundene Entwicklungen gefährdet. Zum ersten durch die Veränderungen der europäischen Wirtschaftsstruktur infolge der großen Pestepidemien seit Mitte des 14. Jahrhunderts sowie durch davon unabhängige Verlagerungen der Wirtschaftsräume und Handelswege in Europa bis hin zu der Entstehung der atlantischen Wirtschaft im 16. Jahrhundert. Zum zweiten durch die staatliche Verdichtung in den Zielländern des Handels und im Reich, die einerseits die Stellung der hansischen Kaufleute im Ausland obsolet werden ließ, weil ihre exzeptionellen Handelsprivilegien im Zeitalter des Gesetzesrechts nicht mehr zu rechtfertigen waren; andererseits engte die staatliche Verdichtung im Reich die Möglichkeiten selbständigen städtischen Handelns immer mehr ein, weniger in der Handelspolitik als vielmehr in den damit eng verbundenen politischen Außenbeziehungen. Auf die Gefährdungen im Inland reagierten die Hansestädte – vor allem der Kreis der wendischen Städte um Lübeck – mit den bereits angesprochenen, oft erneuerten, aber stets fehlgeschlagenen Versuchen, die über die Privilegien im Ausland definierte kaufmännische Hanse zu einem politischen Bündnis umzugestalten. Die Probleme im Ausland wurden mit einer – aus der heutigen Sicht – nicht mehr zeitgemäßen Politik des starren Festhaltens an den Privilegien bekämpft, die für die Zeitgenossen aber gute Gründe hatte und anscheinend den wirtschaftlichen Interessen der Mehrheit der hansischen Kaufleute entsprach; sie entsprach jedoch nicht den Anforderungen des seit dem späten 15. Jahrhundert entstehenden international verflochtenen Handelssystems, dem die Zukunft gehören sollte. Das größte Dilemma der Hanse aber war, daß es unter den komplexer werdenden Verhältnissen des staatlichen und wirtschaftlichen Lebens immer schwieriger wurde, einen gemeinsamen Willen zu finden; hansische Solidarität wurde, je länger, je mehr, zur Ausnahme.

1. Die Veränderungen des wirtschaftlichen Gefüges in Europa

Die Umstrukturierung der europäischen Wirtschaft und die beginnende Auflösung des hansischen Handelssystems im 15. Jahrhundert
Es gab, wie wir gesehen haben, von Anfang an unterschiedliche Interessen der einzelnen Städtegruppen, aber auch der Einzelstädte. Diese verschärften sich jedoch durch die Neustrukturierung der europäischen Wirtschaft seit der Wende

vom 13. Jahrhundert zum 14. Jahrhundert, als das hochmittelalterliche Bevölkerungs- und Wirtschaftswachstum aufhörte und in eine Stagnationsphase überging, die durch die Folgen der drei großen Pestepidemien zwischen 1349/50 und 1367 in die „spätmittelalterliche Agrarkrise" umschlug. Die Diskussion um deren Ausmaß im hansischen Wirtschaftsraum ist noch im Fluß, da die Debatten über diese Epoche den Handel weitgehend ausgeklammert haben (E. Harder-Gersdorff). Allerdings gibt es in zahlreichen Regionen Europas Indizien für einen starken Abschwung des Handels seit den späten 1370er Jahren, nachdem durch die dritte Welle der Pest die Bevölkerungsverluste sich akkumuliert hatten und Konsequenzen sowohl bei den feudalen Renteneinnahmen, den Preisen als auch in der Nachfrage nach bestimmten Gütern zeitigten. In Lübeck und Genua schrumpften Volumen und Wert des seegestützten Handels, und auch in England zeigte sich eine ähnliche Entwicklung. Die Produktion von Silbermünzen sank dramatisch, in Lübeck in der zweiten Hälfte des 14. Jahrhunderts, in anderen europäischen Ländern und Städten hauptsächlich zwischen 1395 und 1415, so daß die absolute Geldmenge sich stark verringerte.

Vor diesem Hintergrund dürfte der steile ökonomische Aufstieg seit den 1380er Jahren, von dem einige Hanseforscher ausgehen (K. Fritze u.a., H. Stoob) nicht aufrechtzuerhalten sein. Auch die seit Daenells großem Werk mehr aus politikgeschichtlichem Ansatz eingeführte Bewertung des späten 14. und des 15. Jahrhunderts als „Blütezeit der deutschen Hanse" muß angesichts der vor allem in der ersten Hälfte des 15. Jahrhunderts abfallenden Konjunktur neu überdacht werden. Allerdings ist dabei zu berücksichtigen, daß wichtige Zielländer des hansischen Handels von der Pest wenig oder gar nicht betroffen waren: im westlichen Europa Flandern, Brabant, Hennegau, Holland und im Osten Polen, die dann jedoch – wie z. B. Flandern – im 15. Jahrhundert in eine Rezession gerissen wurden.

Auf dieser Situation beruhten die wachsenden Probleme der Hansen bei der Bestätigung ihrer Privilegien in Schonen und

England wie auch die seit 1388 auftretenden Schwierigkeiten in den Handelsbeziehungen zu Brügge und Novgorod. Dazu kam ein zunächst hanseinternes Problem, das sich bald zu einem zentralen Streitpunkt im Hinblick auf den Umgang mit ausländischer Konkurrenz entwickeln sollte: die zunehmende Zahl der Direktfahrten durch den Sund, die sog. Umlandfahrt, zwischen den Hansestädten des östlichen Ostseeraums und dem westlichen Europa. Sie dürfte ebenfalls zum Teil auf den härter werdenden Konkurrenzkampf im Zeichen schrumpfender Märkte zurückzuführen sein, da sie bereits seit der zweiten Hälfte des 13. Jahrhunderts von Schiffen der wendischen Hansestädte regelmäßig unternommen wurde. Schiffbautechnische Gründe dürften daher entfallen. Dieser Verkehrsweg sorgte für die nächsten rund 200 Jahre für ständige Konflikte zwischen den westlichen und östlichen Städtegruppen der Hanse einerseits und den wendischen Städten andererseits, da letztere, besonders Lübeck, daran interessiert waren, zumindest den Handel mit *stapelgut* (meist wertvolle Waren), über ihre Häfen und weiter über Land laufen zu lassen. Sie waren bei ihren Auseinandersetzungen mit Dänemark nicht auf einen offenen Sund angewiesen. Das Hauptinteresse der preußischen, livländischen, seeländischen, holländischen und süderseeischen Städte war dagegen im Hinblick auf ihren Massenguthandel mit dem westlichen Europa die freie Durchfahrt durch den Sund, so daß sich schwerwiegende Differenzen in der Frage der einzuschlagenden Politik ergaben.

Zu Beginn des 15. Jahrhunderts entstand der erste Konflikt mit holländischen Städten, die als Teile des Reichs damals auch noch im Verbund der gemeinen Städte waren und seit dem 13. Jahrhundert insbesondere die Rechte des deutschen Kaufmanns auf Schonen nutzten. Dieter Seifert hat klar herausgearbeitet, daß die Fehde von 1438–41 zwischen den wendischen und holländischen Städten kein Kampf um den Zugang zur Ostsee war, den die Holländer ja seit altersher hatten, sondern vor allem ein Kampf ums Geld, um die Forderungen, die die holländischen und seeländischen Städte wegen der im Krieg gegen Dänemark von den wendischen Städten gekaperten Schiffe erhoben. Nach Beendigung der Auseinandersetzung betrieben sie wieder „business as usual". Die Probleme wuchsen erst, als seit den 1470er Jahren die Holländer, die wiederum die seeländischen Städte schnell wegdrängten, ihre Getreidenachfrage im Ostseeraum befriedigten. Erst dann wurde die Vorherrschaft der Ostseestädte im Transitverkehr zwischen Ostsee und Nordsee durch die direkte Frachtfahrt der Holländer gebrochen. Die Holländer waren im Gegensatz zu den vor allem Eigenhandel treibenden Engländern für die preußischen und livländischen Städte willkommene Handelspartner und – weil die Flottenkapazitäten der Hansestädte des Ostseeraums für die Nachfrage im Westen anscheinend nicht mehr ausreichten – auch eine Ergänzung bei der Frachtfuhr ostbaltischer Produkte nach Westen.

Im 15. Jahrhundert durchlief die europäische Wirtschaft mit Ausnahme einiger osteuropäischer Regionen eine tiefe Rezession. Als jedoch seit den 1460er Jahren im übrigen Europa die Konjunktur wieder anzog, scheint sich die Lage im nördlichen Hanseraum allenfalls stabilisiert zu haben. Der Lübekker Handel geriet an der Wende vom 15. zum 16. Jahrhundert in eine noch tiefere Krise, die mit dem Zusammenbruch des hansischen Handelssystems, das ja besonders diese Stadt groß gemacht hatte, zusammenhing.

Der wichtigste Stützpunkt im Westen, der Markt von Brügge, verlor kontinuierlich an Bedeutung, da die Stadt wegen der eigenen, flandrischen Tuchproduktion die englischen Tuche bekämpft und ihre Veredelung und Vermarktung Antwerpen überlassen hatte. In Flandern, wo die Hansen ihre Privilegien und ihre festen Handelsbeziehungen hatten, brach die traditionelle Tuchproduktion, die wegen der allgemeinen Wirtschaftskrise ohnehin starke Einbußen hatte hinnehmen müssen, durch die Geldpolitik des englischen Königs, der seit 1429 den Verkauf englischer Wolle in Calais nur noch gegen Barzahlung in Gold erlaubte, seit den 1440er Jahren geradezu zusammen. Die Tuchzentren in Brabant nahmen ihre Stelle ein. Im letzten Jahrzehnt des 15. Jahrhunderts war das Ende Brügges als „Welthandelsmarkt des Mittelalters" besiegelt, es blieb aber als Wollstapel, besonders für spanische Merinowolle, wirtschaftlich noch lange von Bedeutung. Das Wirtschaftszentrum Nordwesteuropas war nun Antwerpen, wo die niederdeutschen Kaufleute zwar auch Privilegien, aber keine besonderen Vorrechte vor der Konkurrenz mehr hatten. Die Hanse reagierte sehr verspätet auf diese Verlagerung, allerdings, wie Wim Blockmans gezeigt hat, auch mit guten Gründen, die in der Rechtssicherheit ihres Handels in Flandern begründet waren. Erst in den 1520er Jahren wurde das Kontor von Brügge nach Antwerpen verlegt.

Der italienische Handel nach Norden verlagerte sich wegen des Hundertjährigen Krieges zwischen England und Frankreich und wegen des Niedergangs des flämischen Wolltuchgewerbes (wieder) von der Seeroute nach Brügge auf die Kontinentalroute über die Alpenpässe und Oberdeutschland nach Antwerpen bzw. zu den Brabanter Messen, wo die italienischen Kaufleute zunächst hauptsächlich die englischen Tuche erwarben. Mitte des 15. Jahrhunderts erreichten auch die oberdeutschen Kaufleute diese Messen und stellten dort vor allem für die Kölner eine starke Konkurrenz dar. Seit der zweiten Hälfte des 15. Jahrhunderts, als Silber und Kupfer, die sowohl über Frankfurt am Main als auch über die Weichselroute und die Ostsee nach Westen gebracht wurden die Position der oberdeutschen Kaufleute immer mehr festigten, exportierten diese einen immer größer werdenden Anteil des in Antwerpen und Mechelen gefärbten und appretierten englischen Tuches. Aus dieser Situation ist die Kölner Haltung in der Auseinandersetzung zwischen den Hansestädten und England zu verstehen, die dann 1470/71 zur Verhansung der Rheinmetropole führen sollte.

In England lagen die Verhältnisse zunächst günstiger. Dort war bis um 1400 der Ost-West-Handel mit dem Ostseegebiet vorherrschend gewesen. Danach wurde der von Köln dominierte Süd-Nord-Handel die umsatzstärkste englisch-hansische Verbindung. Sie richtete sich auf die Messen von Frankfurt am Main, Antwerpen und Bergen op Zoom, wobei alle hansischen Kaufleute zusammen bis fast zur Mitte des 16. Jahrhunderts rund zwei Drittel des englischen Tuchexports beherrschten. Die östlichen Ostseestädte, insbesondere Danzig, verweigerten – wohl aus Furcht, der Konkurrenz nicht gewachsen zu sein – den seit ca. 1380 in den Ostseeraum vordringenden englischen Kaufleuten die gleichen Rechte, die ihre Kaufleute in England hatten. Der Vertrag von London 1437, der diese von der englischen Krone geforderte Reziprozität zum Inhalt hatte, wurde daher vom Hochmeister des Deutschen Ordens nicht ratifiziert. Die anschließenden Auseinandersetzungen, die bis zum englisch-hansischen Krieg 1469 führten, brachten den völligen Rückzug Lübecks aus dem Englandhandel und führten zur Verhansung Kölns. Auffällig ist dabei, wie wenig die übrigen Hansestädte die Notlage Kölns beachteten, das bei einem Abbruch der Handelsbeziehungen mit England die größten Einbußen gehabt hätte. Der Vertrag von Utrecht, in dem u.a. der englische Verzicht auf die Reziprozität festgelegt wurde, hatte allerdings langfristig zur Folge, daß fast der gesamte englische Tuchexport auf die Messen von Antwerpen und Bergen op Zoom gelenkt wurde, wo den Hansen in den oberdeutschen Kaufleuten eine übermächtige Konkurrenz gegenüberstand.

Auch die schonischen Märkte verloren im 15. Jahrhundert an Bedeutung. Ende des 15. Jahrhunderts waren sie zu reinen Heringsmärkten geworden, wobei der schonische Hering seit Ende des 14. Jahrhunderts im Nordseehering eine starke Konkurrenz bekommen hatte, der ihm – da er billiger, wenn auch nicht von so hoher Qualität war – die binnenländischen Märkte streitig machte.

Die seit der zweiten Hälfte des 15. Jahrhunderts einsetzende Islandfahrt, an der sich vor allem die Engländer, aber auch hansische Seestädte beteiligten, schädigte die Stellung des hansischen Handels in Bergen. Isländischer Trockenfisch wurde direkt zu den Abnehmermärkten gebracht; damit war das Bergener Stockfischmonopol, von dem vor allem Lübeck profitiert hatte, gebrochen.

Auch der Handel mit Novgorod war im 15. Jahrhundert stark rückläufig; die hansische Niederlassung dort wurde

1494 von dem Moskauer Großfürsten, der Novgorod unterworfen hatte, geschlossen. Nach ihrer Wiedereröffnung im
Jahre 1514 gewann sie ihre alte Bedeutung nicht wieder. Der
Rußlandhandel wurde nun über die livländischen Städte ab-
gewickelt, womit ein Vordringen des russischen Eigenhandels
verbunden war. Wegen der unsicheren Rechtsverhältnisse in
Novgorod hatte sich diese Tendenz schon vorher abgezeich-
net, da die deutschen Kaufleute die russischen Waren in den
livländischen Städten gefahrloser erwerben konnten, wobei
allerdings das Gästerecht der livländischen Städte zunehmend
auch hansischen Kaufleuten den Direkthandel von Gast zu
Gast untersagte.

Die oberdeutschen Kaufleute drangen jedoch nicht nur in
Nordwesteuropa in eine führende Position vor, sondern erreichten im östlichen hansischen Wirtschaftsraum um die Mitte des 15. Jahrhunderts z. B. auch Danzig und Stettin. Nürnberger Handelshäuser sandten Angehörige ihrer Familien
nach Lübeck, ließen sie dort das Bürgerrecht erwerben, um so
in den nordosteuropäischen Markt eingreifen zu können. Vor
allem die wendischen Hansestädte hatten dadurch große Einbußen, weil der oberdeutsche Osthandel nun überwiegend
den Landweg über Breslau – hier liegt der Grund für den Austritt Breslaus aus der Hanse in dieser Zeit – und Leipzig an die
Ostsee suchte und nicht mehr über Frankfurt am Main und
Lübeck. Vermutlich hängt damit auch zusammen, daß die
Versuche italienischer Kaufleute, sich in Lübeck zu etablieren,
am Ende des 15. Jahrhunderts aufhörten. Durch die bereits
oben angesprochene Direktfahrt von den preußischen und
livländischen Hansestädten nach Westeuropa lief über Lübeck
nur noch ein kleiner Teil des Warenhandels dieser Städte.

Die wirtschaftliche Lage im 16. Jahrhundert

Durch die Expansion nach Übersee wurden die europäischen
Verkehrssysteme wiederum neu geordnet. Sevilla und Lissabon wurden die Kommunikationszentren mit der Neuen Welt
und mit Asien, Antwerpen hatte die Mittlerrolle im entstehenden transatlantischen Handel (auch nach Indien mußte

man über den Atlantik). Für den Anschluß an die europäische Entwicklung wurde die Integration in diese atlantische Wirtschaft immer wichtiger. Dies bedeutete für die Hansestädte, daß mit dem alten hansischen Warensortiment die Position im Welthandel nicht mehr zu halten, geschweige denn auszubauen war. Daher bemühten sich die hansischen Seestädte, allen voran Hamburg, Lübeck und Danzig seit Mitte des 16. Jahrhunderts, in den Spanienhandel einzugreifen und die Getreidefahrt in den Mittelmeerraum aufzunehmen. Hamburg besaß die besten Voraussetzungen, da es den Elbgetreidehandel monopolisieren konnte und seine Wirtschaft ohnehin auf ein reiches Hinterland zurückgreifen konnte. Die Stadt profitierte auch von der Verlagerung der Handelszüge nach Leipzig, das nach dem Niedergang des oberdeutschen Handels gegen Ende des 16. Jahrhunderts, verursacht u.a. durch die Erschöpfung der Silbervorkommen, die meisten Ost-West- und Nord-Süd-Verbindungen im östlichen Mitteleuropa an sich ziehen konnte. Im ausgehenden 17. Jahrhundert überragte dann die Ost-Nordwest-Route Leipzig – Hamburg – Amsterdam alle anderen, und Leipzig war zum führenden deutschen Messeplatz geworden (M. North). Da sich bereits zu Beginn des 17. Jahrhunderts der Warenhandel und die Zahlungsströme von der alten Süd-West-Route Venedig – Nürnberg – Frankfurt a.M. – Amsterdam auf die Süd-Nord-Route Venedig – Nürnberg – Hamburg – Amsterdam verlagert hatten, zeigt sich deutlich, daß Hamburg einer der Gewinner der Umorientierung der europäischen Wirtschaft durch die neuen transatlantischen Verbindungen war und in der Zwischenzeit die bis weit ins 16. Jahrhundert hinein führenden oberdeutschen Zentren wie Nürnberg und Augsburg überholt hatte. Neben Hamburg profitierten hauptsächlich die hansischen Städte im östlichen Ostseegebiet von dem neuen Wirtschaftssystem. Wegen der hohen Nachfrage nach Rohstoffen für das Gewerbe und Halbfertigprodukten sowie nach Getreide hatten sie in der neuen Arbeitsteilung zwischen dem gewerblichen Produktionszentrum Westeuropa und dem Agrar- und Rohstoffhinterland Osteuropa die Funktion von Exporthäfen. Die hansischen Binnenstädte wurden dagegen durch die kontinuierlich rigider werdende Gästepolitik der Seestädte, insbesondere von Hamburg und Lübeck, vom Seehandel abgeschnitten. Neben dem sinkenden Konkurrenzwert der hansischen Privilegien war dies die Ursache für die sich im 16. Jahrhundert häufenden Austritte und Ausschlüsse aus der Hanse.

Zu den außenwirtschaftlichen Gründen kamen die Veränderungen in der Wirtschaft der Territorien hinzu. Ländliche Gewerbebetriebe machten dem zünftischen städtischen Gewerbe Konkurrenz. Es entstand die sog. Protoindustrie, die von den Landesherren gegen die städtischen Monopolansprüche geschützt und von ihnen gefördert wurde. Eine straffere Verwaltung förderte die herrschaftliche Durchdringung der Territorien und diese ermöglichte höhere staatliche Einnahmen. Fürstliche Eigenwirtschaft trat hinzu, so daß aus dem wirtschaftlichen Vorrang der großen Städte, der im 16. Jahrhundert im Sinne einer Konzentration von Reichtum noch immer bestand, keine einseitige Abhängigkeit der Fürsten mehr folgte. Außerdem entwickelte sich der Adel vor allem im östlichen Hansegebiet mit seinen agrarischen Gutsbetrieben und der nun in eigener Regie vorgenommenen Vermarktung der Produkte zur erfolgreichen Konkurrenz der hansischen Kaufleute. Bereits zu Beginn des 16. Jahrhunderts beschäftigten sich die Gesandten der Hansetage mit dieser ungewohnten Konkurrenz.

Veränderungen in der Organisation des hansischen Handels?
Seit der Entstehungszeit der Hanse hatte sich die Organisation des Handels grundlegend geändert. Die Hanse hielt aber nach wie vor an der Form des Kontors fest, die im Prinzip an den Handel in Fahrtgemeinschaften mit nur befristeter Aufenthaltsdauer gebunden war. Die neuen, oben bereits geschilderten Gesellschaftsformen auch hansischer Kaufleute mit ihren internationalen Verflechtungen paßten nicht mehr in das hansische System. Die Hanse scheint zunehmend zum Interessenvertreter für die Mehrheit mittlerer und kleinerer Fernhändler gegen den Fortschritt im Handel geworden zu sein.

Das zeigt sich nicht nur in dem Verbot des Transitverkehrs für Waren (nichthansischer) Großfirmen, die der Hansetag im Zuge der Auseinandersetzung Lübecks mit den Fuggern 1511 erließ, und der Klage gegen Monopolbestrebungen, die er beim Kaiser einreichte. Fast grotesk war die Forderung bei dem vom Syndicus Sudermann geleiteten Versuch, in Antwerpen wieder ein Kontor einzurichten, „daß die dort seit langem ansässigen, verheirateten und mit Antwerpenern und Ausländern assoziierten deutschen Kaufleute [...] ihren Wohnsitz mit Frau und Kindern in einer Hansestadt nehmen und ihre Antwerpener Geschäfte einem unverheirateten Faktor anvertrauen [sollten], damit sich die Ausländer nicht in den Genuß der hansischen Privilegien einschleichen und in den binnenhansischen Handel eindrängen könnten" (E. Pitz). Dreizehn Kaufleute, es werden nicht die unbedeutendsten gewesen sein, weigerten sich, dieser Forderung nachzukommen, und verzichteten lieber auf die weitere Inanspruchnahme der hansischen Privilegien. Allerdings entsprach die Forderung des Syndicus den Interessen der größeren Gruppe der nach ihrem Handelsvolumen zweitrangigen Kaufleute, die nicht den risikoreichen, aber gewinnträchtigen Westhandel mit Anschluß an die neue atlantische Wirtschaft im Auge hatten, sondern mit allen Mitteln des Gästerechts in den Heimatstädten und mit Festhalten an den Privilegien im Ausland ihre überkommene Position zu wahren suchten. Es ist auch im nachhinein schwierig zu sagen, daß diese Politik „falsch" gewesen sei. Wirtschaftlich prosperierten die Seestädte im 16. Jahrhundert, traditionelle Positionen konnten auch gegen die überlegenen oberdeutschen Firmen gehalten werden. So lief z. B. noch um 1600 der ganze schwedische Kupferhandel nach Westen über Lübeck, obgleich der Rat der Stadt nach einem über 30jährigen Streit die Auseinandersetzung mit den Fuggern und deren Übermacht auf dem europäischen Kupfermarkt verloren hatte. Auch betrug der Anteil des Eigenhandels der Danziger Kaufleute am Getreideexport nach den Niederlanden um die Mitte des 16. Jahrhunderts noch fast die Hälfte des Gesamtumsatzes, d. h., die Niederländer waren nach wie vor zu einem großen Teil als Frachtfahrer im Ostseeraum tätig. Erst um diese Zeit begann die holländische Handelsmacht, geballt in den Ostseeraum vorzudringen. Da die Holländer sich in der Folgezeit die größten Exportanteile in den Ostseehäfen aneignen konnten, wurde die Ostseewirtschaft umfassend in den Weltmarkt von Amsterdam integriert.

Die Seestädte der Hanse aber profitierten ebenfalls von dem wirtschaftlichen Aufschwung des „langen 16. Jahrhunderts". Der Erfolg der beiden siegreichen Konkurrenten um die Marktanteile im ehemals hansischen Wirtschaftsraum beruhte jedenfalls nicht auf überlegener Handelstechnik, da sowohl die Engländer als auch die Holländer den Hansen hier kaum voraus waren. Ernst Pitz hat in diesem Zusammenhang darauf hingewiesen, daß die Merchant Adventurers, als sie 1567 nach Hamburg vorstießen, die gleiche Organisationsform hatten, die einst die Hanse groß gemacht hatte: ein rigides mittelalterliches Gildesystem, bis in Details vergleichbar mit dem hansischen. Daran schließt er zu Recht die Frage an, ob durch deren Erfolg die hansische Führungsgruppe „nicht geradezu verpflichtet wurde, das hansische Stapel- und Privilegiensystem so zähe und lange wie möglich zu verteidigen". Die Vorteile, die die englischen Kaufleute gegenüber den Hansen hatten, waren der Rückhalt an einem starken nationalen Königtum und ein landeseigenes Exportprodukt mit starker Nachfrage im Ausland. Das gleiche traf auf die Holländer zu, die im Gegensatz zu den Engländern als Freihändler tätig waren; auch sie verfügten über ein stark wachsendes, exportorientiertes Produktions- und Dienstleistungsgewerbe, dessen zentrale Güter am Beginn ihrer Expansionsphase im 14. und 15. Jahrhundert übrigens die gleichen waren, die auch die Hanse groß gemacht hatten: Hering, Bier, Tuch und Salz sowie die Dienstleistung Schiffahrt, die die Holländer aber bereits damals billiger anboten. Der große Unterschied zur Hanse war, daß die Holländer eine Stadt und Land integrierende Wirtschaft mit einem hochentwickelten Exportgewerbe aufbauen konnten und somit der noch mittelalterlichen Stadtwirtschaft der Hansestädte mit ihrem fast ausschließlich als

Zwischenhandel ohne große Exportanteile betriebenen Fernhandel auch schon vor der Entstehung des „Dutch Capita-
lism" voraus waren.

2. Die politische Situation:
Territorialisierung und Verrechtlichung

Gefährdung der relativen Autonomie der Hansestädte
Seit Mitte des 14. Jahrhunderts verstärkten sich im Reich die
Bestrebungen der Fürsten, die Autonomie der in ihren Territorien gelegenen Städte wieder einzuschränken. Während bis
ca. 1350 gemischte Bündnisse zwischen Fürsten, Adel und
Städten überwogen, deren Ziel in erster Linie die Förderung
des Landfriedens war, schlossen sich seitdem Städte und Städtegruppen vermehrt unter sich zusammen, um der wachsenden Bedrohung ihrer Freiheit entgegenzutreten.

Ein zweites Problem waren die inneren Unruhen, die im
letzten Drittel des 14. Jahrhunderts zahlreiche Hansestädte er-
schütterten. Auch wenn die unmittelbaren Auslöser in Köln,
Braunschweig, Hamburg, Lübeck und Stralsund verschieden
waren, dürften sie alle eine Folge der ökonomischen Auswirkungen der Pestepidemien wie auch der psychischen Situation
der Überlebenden gewesen sein. Braunschweig wurde, nachdem acht Bürgermeister erschlagen worden waren, aus der
Hanse ausgeschlossen, 1380 aber wieder aufgenommen. Während der bisherige Forschungsansatz nicht erklären konnte,
wie dies ohne Wiedereinsetzung des patrizischen Rates ge-
schehen konnte, gibt der von Pitz und Jenks vertretene neue
Ansatz, der die Wiederherstellung der Eintracht der Stadtgemeinde betont (s. S. 84 ff.), eine plausible Erklärung.

Die Summe der Gefährdungen verstärkte das Bemühen um
eine schlagkräftigere Verfassung der Hanse. Mit der Kölner
Konföderation waren sozusagen erste Übungsschritte zwischen Hansestädten und nicht hansischen Städten in Sachen
Bündnis getan worden. Diese Konföderation, die den zweiten
Krieg gegen Waldemar IV. von Dänemark (1368–69) führte,
und der nach ihrem Sieg abgeschlossene Friede von Stralsund

galten der älteren Forschung als Höhepunkt der Hansegeschichte. Die letzten drei Jahrzehnte waren dagegen von Zweifeln gekennzeichnet, ob man überhaupt von einem Krieg der Hanse sprechen könne, da einerseits die Städte der niedersächsischen und der westfälischen Gruppe fehlten, andererseits über die Ijsselstädte hinaus auch die holländischen unter Führung von Amsterdam sowie die seeländischen unter Führung von Briel vertreten waren, die ja angeblich nicht zur Hanse gehörten. Außerdem waren noch Fürsten an diesem Bündnis beteiligt. Die Charakterisierung der Hanse als Einung läßt nun wieder zu, von einem Krieg (auch) der Hanse zu sprechen. Denn zum einen waren die holländischen und seeländischen Städte, die ja Teil des Reiches waren, auf Schonen bereits seit langem im Recht des deutschen Kaufmanns und damit Genossen in der hansischen Einung (die von der älteren Forschung unterstellte, gewissermaßen „naturgegebene" Konkurrenz zwischen der „Hanse" und „Holland" hat es nicht von Anfang an gegeben; D. Seifert). Zum anderen war es ein zentrales Merkmal dieser Einung, daß keine Stadt gezwungen werden konnte, sich dem Willen des jeweiligen Worthalters zu unterwerfen. Dieses Grundprinzip erklärt die Selbstverständlichkeit, mit der z. B. die an der Kölner Konföderation direkt beteiligten Städte die dänischen Privilegien auch für jene Städte erneuern ließen, die sich an den Kriegshandlungen nicht beteiligt hatten. Der Rechtsgrund wird klar ersichtlich aus dem Schreiben des Rates von Dortmund an Lübeck, demzufolge die Gemeinde den entfernt stattfindenden Seekrieg gegen den dänischen König nicht als ihre Angelegenheit betrachtete. Die Kaufleute der Stadt jedoch entrichteten den zur Finanzierung des Krieges erhobenen Pfundzoll in den Seestädten, womit sie ihre Pflicht als Mitglieder der Einung und damit die Voraussetzungen erfüllten, in den Friedensschluß aufgenommen zu werden.

Nach dem Ende des waldemarischen Kriegs wurden von Lübeck aus Versuche gestartet, der Konföderation einen allgemein hansischen Inhalt zu geben, die jedoch allesamt scheiterten (s. o. S. 79 ff.). Die erste heftige Welle stadtherrlicher Angriffe gegen die relative Selbständigkeit zahlreicher Hansestädte erfolgte seit den 1440er Jahren und traf die brandenburgischen Städte, einige Mitgliedstädte des sächsischen Städtebundes, wendische Hansestädte in Mecklenburg und Vorpommern bis hin zu der lang dauernden Belagerung Braunschweigs in den 1490er Jahren. Allerdings muß auch angemerkt werden, daß Soest, das dem Erzbischof von Köln die Stadtherrschaft aufkündigte und sich unter den Schutz des Herzogs von Kleve stellte, und einige preußische Städte, die den polnischen König zum Lehnsherrn nahmen, durch den selbstgewählten Wechsel der Stadtherren in ebendieser Zeit erst den letzten Schritt zum Höhepunkt ihrer Autonomie taten. Doch lagen in beiden Fällen machtpolitisch günstige Konstellationen vor, die diese Städte – wenn auch mit ungeheuerem eigenem Einsatz – nutzen konnten.

Untersucht werden müßte in diesem Zusammenhang, ob tatsächlich ein Zusammenhang zwischen der Unterwerfung einer ehemals weitgehend autonomen Hansestadt und ihrem Ausscheiden aus der kaufmännischen Hanse bestand. Die bis heute immer als Paradebeispiel angeführte Stadt Berlin erklärte zwar nach ihrer Unterwerfung durch den brandenburgischen Kurfürsten 1452 ihren Austritt aus der Hanse, wurde aber erst 1516/18 – aus den Jahren dazwischen liegen Belege aktiver Teilnahme Berliner Kaufleute am hansischen Handel vor – aus der Hanse ausgeschlossen! Möglicherweise bringt eine genauere Untersuchung der Handelsgeschäfte von Kaufleuten aus Hansestädten, die von ihrer Territorialherrschaft unterworfen wurden, ähnliche Ergebnisse, wie sie für Berlin vorliegen.

Aber auch die ersten freiwilligen Austritte sind bereits im 15. Jahrhundert zu verzeichnen. Northeim war wegen zu hoher Kosten für die Befriedung der Straßen, für die es von den anderen Städten zudem zuwenig Unterstützung bekommen hatte, 1431 aus dem sächsischen Städtebund ausgetreten und lehnte 1434 die Besendung eines Hansetages ab, weil es sich der Hanse nicht mehr zugehörig fühlte. Und der Rat der Stadt Breslau schrieb 1469 an den Hansetag, daß man inwendig in der Hanse verderben müsse, auswendig aber gedeihen könne. 1474 trat die Stadt dann aus der Hanse aus, wodurch ihr ost-europäischer Flügel als erster abgetrennt war.

Um die Wende vom 15. zum 16. Jahrhundert versuchten die Ratssendeboten, die Organisation zu straffen, indem sie neue Verfahrensregeln entwickelten. Sie reagierten damit dar-auf, daß zahlreiche Städte das Hanserecht im Ausland genie-ßen durften, die nicht mehr ausreichend selbständig waren, um die Geheimhaltung der Beschlüsse der hansischen Ver-sammlungen zu gewährleisten. So wurde 1518 auf dem Han-setag zu Lübeck beratschlagt, *wat stede men tor dachfart eschen und mit des kopmans privilegien beschutten schal* (welche Städte man zur Tagfahrt laden und welche man in den Privilegien des Kaufmanns beschützen solle). Nach der Verlesung eines Registers der Hansestädte wurde z.B. be-schlossen, Uelzen zu den Privilegien zuzulassen, aber nicht zur Tagfahrt, Stargard und Anklam wurden dagegen zur Tagfahrt zugelassen, Gollnow nicht, und die Kaufleute von Stettin wurden wieder zu den Privilegien in den Kontoren zugelassen, während über die Teilnahme an der Tagfahrt noch entschie-den werden sollte. Auf der gleichen Tagfahrt wurden Stendal, Salzwedel und Berlin aus der Hanse ausgeschlossen.

Das 16. Jahrhundert: Reformation und Konföderationsnotel
In die hansischen Reorganisationsbemühungen zu Beginn des 16. Jahrhunderts brachen die reformatorischen Unruhen hin-ein. Für die Hanse hatte die Reformation vier Folgen: Sie ver-größerte erstens die Distanz zu Kaiser und Reich, lockerte zweitens durch den unterschiedlichen Ablauf der reformatori-schen Bewegung die Beziehungen der Städte zueinander und hatte drittens für die Hansestädte, die sich am Schmalkaldi-schen Bund aktiv beteiligten, nach dessen Niederlage gegen den Kaiser starke finanzielle Belastungen zur Folge. Die vierte Folge war struktureller Natur: Den Fürsten im Reich wie den Königen der nordischen Reiche wuchsen durch den Einzug von Kirchengut enorme finanzielle Mittel zu, die das Kräfte-verhältnis zu den Städten zugunsten der Fürsten zu verschie-

ben halfen. Außerdem erhielten die Reichsstände mit dem Augsburger Religionsfrieden eine Art Garantie des Reiches für die eigene Staatsbildung: Widerstand galt fortan als Landfriedensbruch und blieb selten ungeahndet. Dadurch wurde das Reich auch für die niederdeutschen Fürsten attraktiv, da sich Vereinheitlichung und Intensivierung der eigenen Herrschaft mit den von ‚Kaiser und Reich‘ vorgegebenen Rahmenregelungen begründen und durchsetzen ließen. Viele der relativ selbständigen Hansestädte, die für ihre Rechts- und Autonomieansprüche keine reichsrechtliche Legitimation besaßen, sahen sich einem wachsenden Druck zur Ein- und Unterordnung ausgesetzt. Die Reorganisationsbemühungen der Hanse, die 1557 in der Konföderationsnotel ihren ersten Höhepunkt fanden (s. u.), waren die Reaktion auf die neue Lage (G. Schmidt).

Im Gegensatz zu ihrem distanzierten Verhältnis zum Reich während des 15. Jahrhunderts versuchten die Führungsgruppen der Hansestädte im 16. Jahrhundert, für die Mitglieder ihres Bündnisses (*confoederatio*) die Reichsstandsschaft zu erlangen, so z. B. die norddeutschen Hansestädte auf dem Augsburger Reichstag von 1555, die als freie Städte mit eigenem Status in den Religionsfrieden aufgenommen werden wollten, allerdings vergeblich (R. Postel). Da sie aber im Vergleich z. B. zur Reichsritterschaft oder den Grafen innerhalb des Reichsverbandes nicht dem König direkt unterstanden, sondern mediatisiert waren (wie man das später nannte), warf das zahlreiche verfassungsrechtliche Probleme auf. Man darf sich bei einem solchen Vorgang die Sicht nicht vom tatsächlichen Ergebnis verstellen lassen, denn noch um die Mitte des 16. Jahrhunderts zeigte sich der „komplementäre Reichs-Staat" „flexibel genug, um alle Formen selbständiger Herrschaftsausübung zu integrieren" (G. Schmidt). Für die Zeitgenossen gab es mehrere Optionen, und die Entwicklung war nicht vorhersehbar.

Die Intensivierung der Bemühungen um ein engeres Bündnis der Hanse(städte) läßt sich bereits an der Zahl der Städteversammlungen erkennen. Während zwischen 1535 und 1552 nur drei Hansetage abgehalten worden waren, waren es zwischen 1555 und 1567 wieder 14; zwischen 1568 und 1597 gingen sie auf fünf Versammlungen zurück und stiegen von 1598 bis 1621 erneut auf 20 an. Zeiten höherer Aktivität unterscheiden sich deutlich von solchen mit geringerer. Auf den Städteversammlungen der Jahre 1554 und 1557 erreichte die hansische Organisation eine verfassungsmäßige Ausgestaltung wie nie zuvor. Während 1554 die Zahlungen jährlicher Beiträge der Mitgliedstädte und deren Höhe vereinbart wurden (die auf fünf Jahre im voraus zu bezahlen waren), schlossen die auf dem Hansetag im Jahre 1557 vertretenen 63 Städte – in Anlehnung an die Tohopesaten des 15. Jahrhunderts – ein Bündnis auf zehn Jahre mit genau festgelegten Verpflichtungen, die in der sog. Konföderationsnotel niedergelegt wurden.

Die Konföderation wurde 1579 verlängert und blieb im Prinzip bis zum Dreißigjährigen Krieg in Kraft. Allerdings kam es nicht zur Einrichtung einer selbständigen Hansekasse. Die umständliche und im Grunde nicht überprüfbare Art der Finanzierung – meist mußten Lübeck oder andere Städte die nötigen Summen vorstrecken – und Rechnungslegung führte 1612 zur Einrichtung einer Bundeskasse, in die jedoch nur die beschränkten Einkünfte aus den (verbliebenen) Kontoren eingingen. Aus ihnen konnten daher keine großen Ausgaben getätigt werden. Bereits 1556 war das Amt eines Syndicus der Hanse als ständigem, juristisch geschultem Geschäftsführer geschaffen worden. Der Kölner Heinrich Sudermann aus einer Familie der stadtkölnischen Führungsgruppe wurde auf sechs Jahre gewählt, danach auf Lebenszeit bestätigt († 1591). Er nahm in seiner Funktion als juristischer Berater bis zu seinem Tode an allen Hansetagen teil und unternahm rund 50 diplomatische Missionen in hansischen Angelegenheiten. Außerdem leitete und verantwortete er den Bau des Hansekontors in Antwerpen. Im Jahr 1576 erhielt er zusätzlich den Auftrag, ein hansisches Urkundenverzeichnis anzulegen, eine Geschichte der Hanse zu schreiben sowie eine systematische Ordnung für das bislang nicht einheitliche kodifizierte hansische Seerecht anzulegen. Dabei handelte es sich um die Fixierung des aktuellen Stands der hansischen Privilegien und Rechte, die die Hanse für ihre Auseinandersetzungen vor allem mit England brauchte. Der Einbindung dieser Privilegien in den Gang der Entwicklung sollte vermutlich die Geschichte der Hanse dienen, so daß hier möglicherweise eine Geschichte im Dienste der aktuellen Politik anzunehmen ist und nicht eine reine Glorifizierung der Vergangenheit in Zeiten des Niedergangs. Erst sein Nachfolger Johann Doman (der 1605 mit der Nachfolge betraut worden war) konnte wenigstens eines dieser Vorhaben beenden. 1614 wurde seine Aufzeichnung des Seerechts vom Hansetag als „Der ehrbaren Hanse-Städte Schiffs-Ordnung und See-Recht" verabschiedet.

3. Die Lage im Ausland

Kontore und Diplomatie
Die Veränderungen in den Auslandsbeziehungen begannen im späten 14. Jahrhundert mit der Bildung zweier großer politischer Einheiten in Regionen, die für den hansischen Handel zentral waren: Flandern wurde 1384 in das Burgundische Herzogtum einbezogen, Dänemark, Norwegen und Schweden 1397 in der Kalmarer Union zusammengefaßt. Machtmittel und Einfluß der Herrscher beider Reiche waren größer als die der Machthaber zuvor. Für die hansischen Unterhändler wurde es daher schwieriger, eine Bestätigung der Privilegien zu erhalten.

Thomas Behrmann hat bei der Untersuchung der Formen, in denen sich die Kontakte dieser Unterhändler der Hansestädte zu den Herrschern in England, Burgund und Dänemark und ihren Höfen vollzogen, herausgefunden, daß sich – abgesehen von regionalen Unterschieden – in allen Ländern seit dem 15. Jahrhundert eine größere Distanz zwischen Herrschern und hansischen Gesandten entwickelte.

Zwischen 1460 und 1480 erschwerten oder verweigerten die Herrscher in England, Burgund und Dänemark unabhängig voneinander den Hansestädten erstmals durchgehend die bis dahin mehr oder weniger übliche Bestätigung ihrer Privilegien. Wie diese Herrscher, so zeigte auch wenig später Iwan III. der Hanse im Nordosten gegenüber nichts mehr „von der traditionellen Bindung eines Fürsten an Akte seiner Rechtsvorgänger, mit der die Städte im Westen und Norden seit alters und erfolgreich argumentiert hatten". Hier „tritt eine geradezu schon absolute Auffassung des Herrschers von seiner Verfügungsgewalt über bestehende Relikte ehemaliger Partikularrechte zutage" (Th. Behrmann).

Sowohl in der Anrede als auch im Zeremoniell der Begegnung mit Gesandten der Hansestädte wurde zunehmend Distanz aufgebaut. Letztere mußten daher Verbindungen zu den Hofkreisen oder königlichen Räte eingehen, eine Aufgabe, die bei den Kontoren lag, „deren Zuwachs an Personal und an Qualifaktion im 15. Jahrhundert sich auf diese Weise erklärt". An den Kontoren kannte man sich mit den örtlichen Gegebenheiten aus – man wußte eben z.B., wieviel Honorar der Torwächter des Königs von England erwartete oder mit welchen Geschenken man den König in Frankreich erfreuen konnte – aber in diesem Zuwachs an Kompetenz lag auch der Grund für die zunehmenden Spannungen zwischen den Kontoren – vor allem dem Londoner – und den Hansetagen (Th. Behrmann), die im 15. Jahrhundert deutlich werden. Die Hansetage versuchten mit einer wahren Regulierungswut, die Selbständigkeit der Kontore zu beschränken. „Lag bis zur Mitte des 15. Jahrhunderts der Anteil der Statuten, die in den Kontorversammlungen beschlossen wurden, bei mehr als 85 % und konnten die Kontorführungen kurzfristig auf Probleme im Gastgeberland reagieren, so ergingen seit 1470 für die einzelnen Kontore Verbote durch den Hansetag, selbst gesetzgeberisch tätig zu werden. Probleme sollten fortan dem Hansetag gemeldet werden, der über eine adäquate Lösung beraten und sie den Kontoren mitteilen wollte. Damit verlängerten sich natürlich die Fristen, bis eine Entscheidung herbeigeführt werden konnte" (N. Jörn). Viele der Kaufleute vor Ort wandten sich daher von der hansischen Kontororganisation ab und führten ohne Nutzung der hansischen Privilegien ihren Handel weiter.

Die Hanse und die europäischen Mächte

Neben die freiwilligen und die aufgrund fürstlicher Anordnung vollzogenen Austritte von Hansestädten im Reich trat seit dem 16. Jahrhundert noch die Einvernahme bislang relativ autonomer Hansestädte im nordöstlichen Ostseeraum in neue Staatengebilde. Ivan IV. eroberte 1558 Dorpat und Narva, scheiterte aber vor Riga und Reval. 1559 kam es zu kriegerischen Auseinandersetzungen zwischen dem unter schwedischer Schutzherrschaft stehenden Reval und Lübeck, das seinen Handel in Narva trotz der russischen Eroberung fortsetzte – die ersten Kriegshandlungen zwischen zwei aktiv in der Hanse „vereinigten" Städten. In der Folge gerieten die livländischen Städte unter schwedische bzw. polnisch-litauische Herrschaft; Reval unterwarf sich 1561 dem König von Schweden, bekam aber das Recht verbrieft, weiterhin in der Hanse bleiben zu dürfen, was im frühen 17. Jahrhundert bestätigt wurde. Die Teilnahme Revals und Rigas an Hansetagen endete in der zweiten Hälfte des 16. Jahrhunderts (s. Karte 2). Riga wurde 1669 zwar noch eingeladen, sagte aber ab. Damit war auch der nordöstliche Flügel der Hanse abgebrochen. In Karte 2 läßt sich erkennen, daß die Möglichkeit und der Wille, Hansetage zu besuchen (was nicht mit Mitgliedschaft in der Hanse gleichgesetzt werden darf) mit Ausnahme Danzigs seit 1579 auf Städte westlich der Oder beschränkt war, mit einem deutlichen (zahlenmäßigen) Übergewicht der Binnenstädte zwischen Elbe und Niederrhein/Ijssel, von welchen aus im 12. Jahrhundert die Entwicklung der Hanse begonnen hatte.

Während die Hansestädte im 15. und 16. Jahrhundert versucht hatten, ihre Freiheit auf dem althergebrachten Weg des Städtebundes, der *confoederatio,* zu sichern, zeigte sich vom Ende des 16. Jahrhunderts an immer deutlicher, daß diese Freiheit auf Dauer wohl nur durch ein Bündnis mit einer Schutzmacht oder einem starken Partner zu gewährleisten wäre. Der souveräne Staat wurde mehr und mehr zum Leitbild der politischen Praxis und des politischen Denkens, so daß die sog. intermediären Gewalten (das waren die, die zwischen sich und dem Kaiser noch einen weiteren Herrn hatten) aus der Sphäre des zwischenstaatlichen Handelns verdrängt wurden (H. Duchhardt). Aber alle Versuche der Hanse, zu Anfang des 17. Jahrhunderts eine schlagkräftige Allianz mit anderen Gruppen zustande zu bringen, waren aus den verschiedensten Gründen nicht erfolgreich oder auch nur erfolgversprechend. Weder die Verhandlungen mit den oberdeutschen Reichsstädten noch die mit den niederländischen Generalstaaten – mit den letzteren war man sich in der Gegnerschaft gegen England einig, wogegen die hansisch-spanischen Beziehungen dabei eine Belastung darstellten – konnten abgeschlossen werden, so daß die Hanse versuchte, mit einer Art vorgezogener Neutralitätspolitik im Westen zwischen Spanien und England zu lavieren. Angesichts der großen Schwierigkeiten in England setzten die hansischen Politiker mehr auf die spanische Karte, was sich nach dem Untergang der Armada im Jahre 1588 in den englisch-hansischen Beziehungen nicht vorteilhaft auswirkte. Um die Wende vom 16. zum 17. Jahrhundert wurden die Hansestädte von der spanischen und von der Wiener Linie des Hauses Habsburg umworben, von den letzteren insbesondere, um die Niederländer aus dem Ostseehandel, der Basis ihrer Wirtschaft, hinauszudrängen. Die Hanse entzog sich jedoch dem kaiserlichen Ansinnen, sich mit ihrer Flotte an einem Kaperkrieg gegen alle Feinde Spaniens zu beteiligen. Schon allein aus handelswirtschaftlichen Überlegungen verbot sich dieses Bündnis, das bedeutet hätte, daß die Hanse ihre Handelsbeziehungen zu den protestantischen Ostseeanliegerstaaten hätte abbrechen und bei einem negativen Ausgang des Unternehmens mit weiter verschärften Repressalien hätte rechnen müssen. 1628 entschieden die Ratssendeboten, die spanisch-habsburgische Offerte abzulehnen.

Insgesamt zeigen die politischen Vorkommnisse, daß das Machtpotential der großen Territorialstaaten in der Zwischenzeit die militärische Stärke der Hansestädte bei weitem überholt hatte. Politische Klugheit gebot es, sich zu arrangieren, sowohl mit dem inzwischen mächtigsten und expansions-

118

freudigsten Ostseestaat Schweden als auch mit Dänemark, mit den Territorialherren (soweit es ging und nicht die Freiheit der letzten autonomen Städte bedrohte) und selbstverständlich auch mit dem Kaiser. Die Unsicherheit der Zustände machte es nach dem Beginn des Dreißigjährigen Krieges immer schwieriger, die noch beteiligten Städte zu einem allgemeinen Hansetag zusammenzubringen. Das Jahr 1629 ist insofern ein Schlüsseldatum der hansischen Geschichte (H. Duchhardt), als Lübeck, Hamburg und Bremen mit der Wahrnehmung der Belange der Hanse betraut wurden. Allerdings kann man erst in Kenntnis des weiteren Verlaufs davon sprechen, daß dies die „Liquidierung der Gemeinschaft" gewesen sei (H. Duchhardt). Den Zeitgenossen mußte das noch verborgen bleiben, da es zunächst ein Auftrag von begrenzter Reichweite war, den die drei Städte 1630 zu einem Defensivbündnis verdichteten. 1641 wurde das *foedus Hanseaticum* mit zehnjähriger Laufzeit und der Möglichkeit zur Verlängerung erneuert, die 1651 auch genutzt wurde.

4. Die Hanse und der Westfälische Frieden

Die Geschichte der hansischen Politik in den Westfälischen Friedensverhandlungen, die insbesondere mit dem Lübecker Syndicus und späteren Bürgermeister der Stadt, David Gloxin, verbunden ist, wurde vor kurzem erstmals aufgearbeitet (R. Postel). Ziel der Delegation der Hansestädte bei den Verhandlungen war es vor allem, den Handel von den Lasten und Behinderungen zu befreien, die ihm während des Krieges auferlegt worden waren, wobei jedoch die fehlende Bereitschaft der jeweiligen Stände, ihre Zollansprüche aufzugeben, den Erfolg in Grenzen hielt. In Art. XVII § 10 und 11 des Osnabrücker Friedensinstruments wurden die *civitates Anseaticae* von kaiserlicher und schwedischer Seite in das westfälische Friedenswerk eingeschlossen. Art. X § 10 billigte auch denjenigen Hansestädten, die durch den Friedensvertrag unter schwedische Landeshoheit fielen (Wismar, Stralsund, Greifswald), freien Handel und Schiffahrt inner- und außerhalb des Reiches zu.

Die Einbeziehung der Hansestädte in den Friedensschluß und ihre zum ersten Mal erfolgte Nennung in einem Verfassungsdokument des Reiches waren ein großer Erfolg der hansischen Delegation. Die Abgesandten der drei Städte Lübeck, Bremen und Hamburg traten dabei nicht nur für ihre eigenen Belange, sondern tatsächlich für alle noch vorhandenen Hansestädte ein. Allerdings erfolgte dieser Durchbruch zur verfassungsrechtlichen Anerkennung zu spät. Das Ende des Dreißigjährigen Krieges als „Staatsbildungs-Krieg" (G. Schmidt) entzog mit der Konsolidierung der großen Territorien im Nord- und Ostseeraum der Hanse als Verbindung freier Städte die weitere Existenzmöglichkeit. Zwar versuchte man in den 50er und 60er Jahren des 17. Jahrhunderts den größeren Hanseverbund wiederherzustellen, doch ein letzter Versuch mit dem Hansetag in Lübeck im Jahre 1669 versammelte die Abgeordneten von nur noch sechs Städten, drei weitere hatten Vollmachten erteilt, (s. Karte 2) und ging mit einem Rezeß ohne wirklichen Beschluß zu Ende.

Ebensowenig wie es ein Anfangsdatum der hansischen Geschichte gibt, kann man der Hanse ein definitives Ende in einem bestimmten Jahr zuschreiben. Sie existierte noch weiter, und 1684 forderte Kaiser Leopold I. Lübeck auf, einen Hansetag einzuberufen, der ihm einen Beitrag zur Türkenhilfe bewilligen sollte. Der Dreibund der Städte Lübeck, Hamburg und Bremen hat hansische Interessen in der Folgezeit weiter vertreten, auch auf völkerrechtlicher Ebene während des Nijmegener Friedenskongresses und durch ein intensives diplomatisches Netzwerk, auch wenn im Laufe der Zeit die einzelstädtischen Interessen Lübecks, Hamburgs und Bremens größere Bedeutung erlangten. Auf dem Friedenskongreß von Rijswijk im Jahre 1697 wurden die drei Hansestädte jedenfalls nur noch zugunsten ihrer eigenen Handelsinteressen aktiv, von einem hansischen Bewußtsein war kaum noch etwas übriggeblieben (H. Duchhardt).

Verfassungsrechtlich blieb die Hanse ein interessantes Thema. Die Staatsrechtswissenschaftler des 17. und 18. Jahrhunderts diskutierten vehement das Wesen der Hanse und die rechtliche Stellung der quasi autonomen Mediatstädte und schufen die verfassungsrechtliche Kategorie der *civitas mixta,* die den Status der de facto autonomen Territorialstädte bezeichnete. Erst als mit der Auflösung des Alten Reichs im Jahre 1806 auch dessen Verfassung zu existieren aufhörte, endete diese Diskussion. Zur gleichen Zeit begann jedoch die historisch-wissenschaftliche Beschäftigung mit dem Thema Hanse durch den Göttinger Professor Georg Sartorius von Waltershausen, allerdings deswegen, weil sich ein „harmloserer ... Gegenstand" seiner Forschungen in der damals politisch aufgewühlten Zeit nicht hatte finden lassen „als diese halbvergessene Antiquität". Die Beschäftigung mit der hansischen Geschichte begann folglich als Nischenwissenschaft (K. Friedland). Die Nische verließ sie noch in der ersten Hälfte des 19. Jahrhunderts und begann ihren Aufstieg zu einem der Zweige der deutschen Geschichtswissenschaft, die in der Öffentlichkeit großes Interesse fanden, gleichzeitig mit dem Verkauf der letzten Realien der Hansegeschichte, des Stalhofs (1852) und des Antwerpener Kontorgebäudes (1862), durch die drei Hansestädte Lübeck, Hamburg und Bremen.

Nachwort zur 3. Auflage

Mein Dank an die Fachkolleginnen und -kollegen, auf deren Forschungen und z.T. aktiver Mithilfe der vorliegende Band beruht, steht nach wie vor an erster Stelle. Ich bin mir ihrer Zustimmung sicher, wenn ich in der nun vorliegenden 3. Auflage ihre namentliche Nennung durch eine Auswahl der seit der 1. Auflage erschienenen Literatur zur hansischen Geschichte ersetze. Auch diese 3. Auflage widme ich meiner Frau Birgit und unseren Kindern Lotta, Lasse, Mikkel und Matti mit herzlichem Dank sowohl für ihre Unterstützung als auch für die wohltuende Ablenkung vom Thema.

Rolf Hammel-Kiesow, 1. September 2004

Literaturergänzungen zur 3. Auflage
Zu I. u. III.: Besprechungen zu *Pitz,* Bürgereinung (s. I): HGbll. 120, 2002 (*Th. Behrmann*); Zs. d. Vereins für Lübeckische Geschichte u. Altertumskunde 82, 2002 (*P. Oestmann*); *E. Müller-Mertens, H. Böcker,* Konzeptionelle Ansätze der Hanse-Historiographie, in: *Diess.* (Hg.), Konzeptionelle Ansätze der Hanse-Historiographie, Trier 2003; Zs. für Histor. Forsch. 31, 2004 (*P. Schulte*). *R. Hammel-Kiesow,* Vergleichende Ansätze in der hansischen Geschichtsforschung, in: Vergleichende Ansätze (s. II). – Zu II.: *Lars Berggren u.a.* (Hg.), Cogs, Cargoes, and Commerce. Maritime Bulk Trade in Northern Europe, 1150–1400, Toronto 2002; *C. von Blanckenburg,* Die Hanse und ihr Bier. Brauwesen und Bierhandel im hansischen Verkehrsgebiet, Köln u.a. 2001. – Zu III.: *V. Henn,* Die hansischen Tagfahrten zwischen Anspruch und Wirklichkeit, Trier 2001; *Th. Behrmann,* Der lange Weg zum Rezeß. Das erste Jahrhundert hansischer Versammlungsschriftlichkeit, in: Frühmittelalt. Studien 36, 2002. *A. Pichierri,* Die Hanse – Staat der Städte. Ein ökonomisches und politisches Modell der Städtevernetzung, Opladen 2000. *N. Jörn u.a.* (Hg.), „kopet uns werk by tyden". Beiträge zur hansischen und preußischen Geschichte. W. Stark zum 75. Geb., Schwerin 1999. – Zu IV.: *E. Schubert,* Novgorod, Brügge, Bergen und London: Die Kontore der Hanse, in: Concilium medii aevi 5, 2002; *N. Jörn,* „With money and bloode". Der Londoner Stalhof im Spannungsfeld der englisch-hansischen Beziehungen im 15. und 16.Jh., Köln u.a. 2000; *N. Jörn u.a.* (Hg.), Beiträge der Internationalen Tagung in Brügge, April 1996 (Hansekaufleute in Brügge, T. 4), Frankfurt/Main u.a. 2000; *R. Rößner,* Hansische Memoria in Flandern, Frankfurt/Main u.a. 2001; *A. Vandewalle* (Hg.), Hanzekooplui en Medicibankiers. Brugge, wisselmarkt van Europese culturen, Oostkamp 2002. *A. Graßmann* (Hg.), Ausklang und Nachklang der Hanse im 19. und 20.Jh., Trier 2001.

Literaturhinweise

Die folgende Übersicht enthält eine Auswahl aus den Gesamtdarstellungen zur Hansegeschichte und die Arbeiten, aus denen im Text zitiert oder auf die direkt Bezug genommen wird. – Zum *Nachweisverfahren im Text*: Zitate, denen kein Autorenname nachgestellt ist, stammen von dem am jeweiligen Absatzende genannten Autor. In Kapitel III. 1, das weitgehend nach der von Ernst Pitz soeben vorgelegten ersten Verfassungsgeschichte der Hanse überhaupt gearbeitet ist, sind alle nicht nachgewiesenen Zitate aus dieser Studie.

Gesamtdarstellungen

Nach wie vor die umfassendste und verläßlichste Darstellung: *Ph. Dollinger,* Die Hanse, 4., erweiterte Aufl. Stuttgart 1989; die jüngste: *H. Stoob,* Die Hanse, Graz u. a. 1995; *K. Fritze, J. Schildhauer, W. Stark,* Die Hanse, Berlin 1974; mit vielen Bildern für ein breiteres Publikum: *K. Pagel,* Die Hanse, neu bearb. von F. Naab, Braunschweig 1983; kulturgeschichtlich orientiert: *J. Schildhauer,* Die Hanse. Geschichte und Kultur, Leipzig 1984. – Zahlreiche Aspekte der Hansegeschichte in einzelnen thematischen Kapiteln bietet: *K. Friedland,* Die Hanse, Stuttgart 1991. – Umfassende Darstellungen, zusammengesetzt aus Beiträgen zahlreicher Autoren, bieten die Begleitbände der zwei großen Hanseausstellungen des letzten Jahrzehnts: Die Hanse – Lebenswirklichkeit und Mythos, hg. von *J. Bracker,* Bd. 1, Hamburg 1989 (zitiert als Kat. Hamburg); Neuauflage (in kleinerem Format, weniger Abbildungen) hg. von *J. Bracker, V. Henn u. R. Postel,* Lübeck 1998; für die Jahrzehnte um 1500: Hanse – Städte – Bünde. Die sächsischen Städte zwischen Elbe und Weser um 1500, hg. von *M. Puhle,* Bd. 1, Magdeburg 1996 (zitiert als Kat. Magdeburg).

I. Einleitung

H. Wernicke, Die Städtehanse 1280–1418. Genesis – Strukturen – Funktionen, Weimar 1983; *A. von Brandt,* Die Hanse und die nordischen Mächte im Mittelalter, in: Lübeck, Hanse, Nordeuropa. Gedächtnisschrift für A. v. B., hg. von K. Friedland u. a., Köln u. a. 1979. *E. Pitz,* Bürgereinung und Städteeinung. Studien zur Verfassungsgeschichte der Hansestädte und der deutschen Hanse, Köln u. a. 2001; *B. Fahlbusch,* Bemerkungen zur Führungsgruppe des hansischen Verbandes 1560–1572, in: M. Stolleis (Hg.), Recht, Verfassung und Verwaltung in der frühneuzeitlichen Stadt, Köln u. a. 1991; *O. Mörke,* Der gewollte Weg in Richtung „Untertan". (...), in: H. Schilling u. a. (Hg.), Bürgerliche Eliten in den Niederlanden und in Nordwestdeutschland, Köln u. a. 1985; Beiträge zu führenden Historikern in Hansische Geschichtsblätter (im folgenden HGbll.) 114, 1996; *W. von Stromer,* Der innovatorische Rückstand der hansischen Wirtschaft, in: Festschrift H. Helbig, hg. von K. Schulz, Köln u. a. 1976; *St. Jenks,* War

die Hanse kreditfeindlich? in: Vierteljahrsschrift für Sozial- und Wirtschaftsgeschichte 69, 1982; R. Sprandel, Die Konkurrenzfähigkeit der
Hanse im Spätmittelalter, in: HGbll. 102, 1984; R. Holbach, Frühformen
von Verlag und Großbetrieb in der gewerblichen Produktion (13.–16.
Jahrhundert), Stuttgart 1994; A. Cordes, Spätmittelalterlicher Gesellschaftshandel im Hanseraum, Köln u.a. 1998.

II. Wie enstand die Hanse?

Pitz, Bürgereinung (s. I.); D. Ellmers, Die Entstehung der Hanse, in:
HGbll. 103, 1985. C. Jahnke, Das Silber des Meeres. Fang und Vertrieb
von Ostseehering zwischen Norwegen und Italien bis zum 16. Jh., Köln
u.a. 2000. D. Kattinger, Die gotländische Genossenschaft. Der frühhan-
sisch-gotländische Handel in Nord- und Westeuropa, Köln u.a. 1999. R.
Hammel-Kiesow, Neue Aspekte zur Geschichte Lübecks: von der Jahrtausendwende bis zum Ende der Hansezeit (...), in: Zs. des Ver. für Lübeckische Geschichte 78, 1998. – G. Dilcher, Stadtherrschaft oder kommunale
Freiheit – Das 11. Jahrhundert ein Kreuzweg? in: J. Jarnut u.a. (Hg.), Die
Frühgeschichte der europäischen Stadt im 11. Jahrhundert, Köln u.a.
1998; R. Schmidt-Wiegand, Hanse und Gilde. Genossenschaftliche Organisationsformen im Bereich der Hanse und ihre Bezeichnungen, in:
HGbll. 100, 1982. Helmold von Bosau: Slawenchronik, neu übertragen
... v. H. Stoob, Darmstadt 1973; H. W. Haussig, Die Geschichte Zen-
tralasiens und der Seidenstraße in islamischer Zeit, Darmstadt 2. Aufl.
1994; H. M. Klinkenberg, „Bürgerliche Bildung" im Mittelalter? In: Studien zur Deutschen Literatur des Mittelalters, hg. von R. Schützeichel,
Bonn 1979; O.G. Oexle, Gilde und Kommune. Über die Entstehung von
‚Einung' und ‚Gemeinde' als Grundformen des Zusammenlebens in Europa, in: P.Blickle (Hg.), Theorien kommunaler Ordnung in Europa, München 1996; P. Moraw, Hansestädte, König und Reich im späteren Mittelalter, in: R. Hammel-Kiesow (Hg.), Vergleichende Ansätze in der hansi-
schen Geschichtsforschung, Trier 2002; F. Kaspar, Das mittelalterliche
Haus als öffentlicher und privater Raum, in: Die Vielfalt der Dinge (...),
Wien 1998; W. Ebel, Hansisches Recht, Begriff und Probleme, in: ders.
(Hg.), Probleme der deutschen Rechtsgeschichte, Göttingen 1978. Th.
Behrmann, Über Zeichen, Zeremoniell und Hansebegriff auf hansischen
Tagfahrten, in: V. Henn (Hg.), Lasset und Tagfahrten, Köln u.a. 2000;
ders., ‚Hansekaufmann', ‚Hansestadt', ‚Deutsche Hanse'? Über hansische
Terminologie und hansisches Selbstverständnis im späten Mittelalter, in:
Bene vivere in communitate. (...), hg. von Th. Scherf u.a., Münster u.a.
1997.

III. Wie war die Hanse organisiert?

Grundlegend Pitz, Bürgereinung (s.o. I.), dessen Argumentation dieses
Kapitel folgt; alle nicht nachgewiesenen Zitate aus dieser Arbeit; s. auch
Wernicke, Städtehanse (s.o. I.). – W. Bode, Hansische Bundesbestrebun-

gen in der ersten Hälfte des 15. Jhs., in HGbll. Bd. 25, 1919; 26, 1920/21; 31, 1926; *M. Puhle*, Organisationsmerkmale der Hanse, in: Kat. Hamburg; *B. Fahlbusch*, Kaufleute und Politiker. Bemerkungen zur hansischen Führungsgruppe, in: Vergleichende Ansätze (s.o. II); *A. Cordes*, Gesellschaftshandel (s.o. I); *St. Jenks*, War die Hanse kreditfeindlich? (s.o.I); *W. v. Stromer*, Ein hansischer Konzern im 15. Jahrhundert und sein politisches Engagement, in: Drucksache des 6. Intern. Kongresses für Sozial- und Wirtschaftsgeschichte, Kopenhagen 1974; *F. Irsigler*, Der hansische Handel im Spätmittelalter, in: Kat. Hamburg; *M. North*, Kreditinstrumente bzw. Kreditinnovationen im hansischen Norden, in: Vergleichende Ansätze (s.o. II.); *P. Spufford*, The Relative Scale of Medieval Hanseatic Trade, in: Vergleichende Ansätze (s.o. II); *St. Jenks*, Das hansische Gästerecht, in: HGbll. 114, 1996. Sprandel, Konkurrenzfähigkeit (s.o. I.).

IV. Niedergang oder Übergang?

A. Graßmann (Hg.), Niedergang oder Übergang? Zur Spätzeit der Hanse im 16. und 17. Jahrhundert, Köln u.a. 1998. *E. Harder-Gersdorff*, Theoretische Ansätze zur Erklärung wirtschaftlicher Entwicklung im hansischen Wirtschaftsraum in vorindustrieller Zeit (1150–1800), in: R. Hammel-Kiesow u.a. (Hg.), Wirtschaftliche Wechsellagen im hansischen Wirtschaftsraum, (in Vorb. für 2005); *Fritze u.a.* (Hg.), Hanse, u. *Stoob*, Hanse (s.o. Gesamtdarstellungen); *D. Seifert*, Kompagnons und Konkurrenten. Holland und die Hanse im späten Mittelalter, Köln u.a. 1997; *W. P. Blockmans*, Konfliktregelung der Hanse in Flandern 1393–1451, in: Die Niederlande und der europäische Nordosten (...), hg. von H. Menke, Neumünster 1992; *M. North*, Von der atlantischen Handelsexpansion bis zu den Agrarreformen (1450–1815), in: Tausend Jahre deutsche Wirtschaft (...), München 2000. *E. Pitz*, Steigende und fallende Tendenzen in Politik und Wirtschaftsleben der Hanse im 16. Jahrhundert, in: HGbll. 102, 1984. *G. Schmidt*, Städtehanse und Reich im 16. und 17. Jahrhundert, in: Niedergang (s.o. IV); *R. Postel*, Der Niedergang der Hanse, in: Kat. Hamburg. *Th. Behrmann*, Herrscher und Hansestädte. Studien zum diplomatischen Verkehr im Spätmittelalter, Habilitationsschrift Münster 1996, Hamburg 2004; *N. Jörn*, Zwischen Eigenständigkeit und Unterordnung. Die Auseinandersetzungen zwischen Stalhof und Hansetagen um die Kontorordnungen, in: ders. u.a. (Hg.), Genossenschaftliche Strukturen in der Hanse, Köln u.a. 1999; *H. Duchhardt*, Die Hanse und das europäische Mächtesystem des frühen 17. Jahrhunderts, in: Niedergang (s.o. IV); *R. Postel*, Zur „erhaltung den commercien und darüber habende privilegia". Hansische Politik auf dem Westfälischen Friedenskongreß, in: H. Duchhardt (Hg.), Der Westfälische Friede, München 1998; *G. Schmidt*, Der Dreißigjährige Krieg, München 4. Aufl. 1999. *K. Friedland*, Vom sittlichen Wert geschichtlicher Erkenntnis – Georg Sartorius' 1802/1808 erschienenes Werk über den Hanseatischen Bund, in: HGbll. 116, 1998.

Register

Ältermann 39, 46, 48–50, 62 f., 76
Alt Lübeck 23, 27 f., 29
Amsterdam 92, 105, 108, 110
Antwerpen 59, 92, 101–4, 107, 114
Atlantische Wirtschaft 97, 104 f., 107, (110)

Bergen 11, 33, 36, 48 f., 61–4, 75, 95, 103
Beschluß, -fassung 16, 18, 56 f., 64, 68–70, 73–6, 79, 96, 120
– Rechtskraft der Beschlüsse 76 f.
Bevölkerung-... 7 f., 22–4, 29, 35, 48, 60, 99
Binnenstädte 16, 53, 106, 117
Brabant 35, 59, 93, 99, 101 f.
Braunschweig 18, 21, 38, 53, 64, 86, 109, 111
Bremen 7, 12, 39, 47, 82, 96, 119–21
Breslau 10, 21, 81, 91, 104, 111
Brügge 11, 37 f., 48 f., 55, 58 f., 61–4, 66, 75, 81, 91 f., 96, 100–2
Buchführung 21, 41, 91 f.

Danzig 7, 9, 34, 91 f., 95, 103 f., 105, 107, 117
Dänemark 22, (34), 35 f., 64, (74), 84, 97, 100, 109, (110), 115, 119
– Kg. von 12, (34), 97
Deutscher Orden, Ordensstaat 34, 55, 58, 78, 91, 103
Dorpat 9, 34, 60, 117
Dortmund 12, 46 f., 49, 110

Eid, Eidgenossenschaft 26, 43, 46, 74 f.
Einladung, -sschreiben 69, 71, 79, 82
Einung 15 f., 44 f., 50 f., (54), 55–7, 61, 66, 68, 71–80, 83–6, 88 f., 96, 110

Elbe, Nieder- 18, 23, 28, 33, 38, (105), 117
Elbing 7, 9, 34, 64
England 11, 24, 27, 31, 32 f., 35–37, 39, 48, 52, 58 f., 61, 66, 74, 96 f., 99 f., 102 f., 115 f., 118

Fahrtgemeinschaft 27, 31, 44–51, 58, 62, 64, 68, 106
Flandern 11, 22 f., 26, 33, 35–38, 49, 52 f., 55, 58 f., 61 f., 64–66, 77, 96 f., 99, 101 f., 115
Frankfurt/M. 59, 102, 104 f.
Frankreich, Nordwest-, 11, 22 f., 36, 58, 60, 96, 102, 116
Friesland, friesisch 22, 25, 41, 66
Führungsgruppen,
– städtische 40, 42 f., 44, 53 f., 113 f.,
– hansische 17, 42, 85–7, 89, 108
– kaufmännische 39
Fürsten 12, 14, 26, 28, 32, 47 f., 55 f., 83, 88, 104, 106, 109–13, 116

Gemeinde (bgl.u.städt.) 16, 18, 22, 25, 28, 32, 40, 43 f., 50 f., (54), 56, 70–2, 76, 80, 83–7, 89, 109 f.
Gemeinwille, gemeiner Wille 50, 58, 63, 69–74, 76, 78, 80, 82, 89, 98
gemener kopman 16, 49–51, 54 f., 57, 65, 68 f., 74 f, 77–9, 82 f., 87
Gericht der Kaufleute 46, 49 f., 62 f., 69, 74, 82
Getreide 24, 35–7, 92, 101, 105, 107
Gewerbe, gewerblich 11, 16, 21, 24, 26, 28, 41, 53, 75, 102, 105 f., 108
Gewürz, -handel 31, 35, 37

126